문학과지성 시인선 391

말할 수 없는 애인

김이듬 시집

문학과지성사

문학과지성사에서 펴낸 김이듬의 시집

명랑하라 팜 파탈(2007)
히스테리아(2014)

문학과지성 시인선 391
말할 수 없는 애인

초판 1쇄 발행 2011년 4월 25일
초판12쇄 발행 2024년 2월 22일

지 은 이 김이듬
펴 낸 이 이광호
펴 낸 곳 ㈜문학과지성사
등록번호 제1993-000098호
주   소 04034 서울 마포구 잔다리로7길 18(서교동 377-20)
전   화 02)338-7224
팩   스 02)323-4180(편집) 02)338-7221(영업)
전자우편 moonji@moonji.com
홈페이지 www.moonji.com

ⓒ 김이듬, 2011. Printed in Seoul, Korea

ISBN 978-89-320-2199-7 03810

이 책의 판권은 지은이와 ㈜문학과지성사에 있습니다.
양측의 서면 동의 없는 무단 전재 및 복제를 금합니다.

문학과지성 시인선 391
말할 수 없는 애인

김이듬

2011

시인의 말

쫓겨난
죽고 없는
한 번도 만난 적 없는
아직 태어나지 않은
어디에도 없는
나와
당신을 향해

2011년 4월
김이듬

말할 수 없는 애인

차례

시인의 말

제1부
나 말고는 아무도 9
함박눈 10
겨울 휴관 12
말할 수 없는 애인 14
인공호흡 17
사생아들 18
꽃다발 21
날치고 훔치고 22
거기 누구 없어요 24
문학적인 선언문 26
죽지 않는 시인들의 사회 28
폐와 이발사 30
파도 32
날마다 설날 34
12월 36
호수의 백일몽 38

제2부

기적 47
기타의 행방 48
모계 50
백발의 신사 52
너무 놀라지 마라 55
당신의 코러스 58
카트를 타고 61
질 & 짐 62
생활의 발견 70
마임 모놀로그 72
자살 76
버린 애 80
옥상에서 본 거리 83
도플갱어 86
오빠가 왔다 88
제가 쓴 시가 아닙니다 91
지방의 대필 작가 94
나의 파란 캐스터네츠 97
어머니의 방 100
달래보기 시리즈 102
부부 자해공갈단 104
권태로운 첫사랑 106
나는 세상을 믿는다 109
동시에 모두가 왔다 112
크라잉게임 114

아케이드 116
숲 120
이상한 모국어 122

제3부
나는 스물한 살이었다 129
응답 132
성으로 가는 길 134
전람회, 동피랑, 골목 138
종업원 142
오늘도 145
마지막 연인 148
스침 150
제자리뛰기 152
슬럼프 155
등단 7년 158
저물녘 조언 162
여자가 여자를 사랑할 때 165
세레나데 172
삼월은 붉은 구렁을 174
행진 178
고향의 난민 182

해설 | '마임 모놀로그'의 행방 · 최현식 185

제1부

나 말고는 아무도

올해 막바지 팔에 금이 갔다

빙판에 미끄러졌나 보지
결국 그 선배 멱살을 잡았구나
친구들은 제각기 한마디씩 던지고
가만히 등 뒤로 와서 너는
자해한 거 아니냐며 킬킬거린다

얼마나 멋진 밤인가
어둡고 캄캄하고

우리는 더 이상 알고 싶지 않은 욕망으로 가득 차서
구체관절인형을 가지고 놀듯 서로를 만지작거린다

함박눈

눈이 와, 여긴 함박눈이야
네 목소리를 듣고
별안간 난
한 번도 함박눈을 맞아보지 못한 걸 알았어
평범한 기쁨을 떠나 있는 것 같아
엄청난 사태로부터도

늙은 시인에게서 사랑 없는 일생을 살았다는 말을
들을 때처럼 싱거운 얘기지

눈을 감고 눈을 상상해
폭설이 난무하는 언덕에 서 있어
두 팔을 벌려야 해
입을 쫙 벌린 채 눈덩이를 받아먹어
함박눈은 솜사탕만 할 거야
네게 한 번이라도 함박눈이 되었으면 좋겠어
눈발이 거세지고 조금씩 나는 파묻혀가고 있어
난 하얀 구릉이 되어 솜사탕처럼 녹아가네

눈은 죽은 비라고 루쉰이 그랬나?

네 얼굴에 내가 내리면
코가 찡하겠니?
나를 연신 핥으며 달콤해 아 달콤해 속삭일 거니?
나를 베개 하고 나를 안겠지
우린 잠시 젖은 후 흘러갈 거야
너무 싱거운 거 같아 망설인다면
삽으로 떠서 길가로 던지겠지

겨울 휴관

 무대에서 내려왔어 꽃을 내미네 빨간 장미 한 송이 참 예쁜 애구나 뒤에서 웃고 있는 남자 한때 무지 좋아했던 사람 목사가 되었다 하네 이주 노동자들 모이는 교회라지 하도 괴롭혀서 도망치더니 이렇게 되었구나 하하하 그가 웃네 감격적인 해후야 비록 내가 낭송한 시라는 게 성직자에게 들려주긴 참 뭐한 거였지만

 우린 조금 걸었어 슬며시 그의 딸 손을 잡았네 뭐가 이리 작고 부드러울까 장갑을 빼려다 그만두네 노란 코트에 반짝거리는 머리띠 큰 눈동자는 내 눈을 닮았구나 이 애 엄마는 아마 모를 거야 근처 미술관까지 차가운 저녁 바람 속을 걸어가네 휴관이라 적혀 있네 우리는 마주 보고 웃다가 헤어지려네 전화번호라도 물어볼까 그가 나를 위해 기도할 거라 하네

 서로를 등지고 뛰어갔던 그 길에서 여기까지밖에 못 왔구나 서로 뜻밖의 사람이 되었어 넌 내 곁을 떠

나 붉게 물든 침대보 같은 석양으로 걸어가네 다른 여자랑 잠자겠지 나는 쉬겠네 그림을 걸지 않은 작은 미술관처럼

말할 수 없는 애인

물이 없어도 표류하고 싶어서
외롭거나 괴롭지 않아도 살고 있기 때문에
우리는 다른 곳으로 떠났다 돌아오거나 영 돌아오지 않겠지
가까운 곳에서 찾았어
우리는 모였지 인도 아프리카 우즈베키스탄에서 온 사람들과
대부분을 차지하는 중국인 학생들
지난해 여름부터 나는 그들에게 한국어를 가르쳤었어
불한당 청년들의 표류처럼 불규칙적이었지만
무서운 속도로 어휘와 문법을 습득하는 그들이 참 신기하더라
말이 무색해서 팔다리를 브이 자로 벌렸지
매일매일 뱃멀미가 났어
멀리서 돈 벌러 온 한 이방인에게 나는 미약했지만
그의 까만 손가락이 내 얼굴을 두드렸지
장난스럽게 단지 두드리는 시늉만 했는지 몰라

전혀 두드리지 않았는지 몰라
적절한 문장을 못 찾겠어 도무지 사랑할 수밖에
그는 자신의 긴 이야기를 음악 소리로 듣는 마을에 가서
내 갈색 귀에 다 털려버렸지 코 고는 소리도 뭔가 이상했어
외국인 남자는 어떨까 상상하지 않았다면
말 못할 관계로 가지 않았다면 나는 살아 있는 것이 아니었어
생면부지의 것들을 만나고 말이 통하지 않는 사람들과
사귀지 않는다면
위험하지 않다면 살아 있는 게 아닌 건 아니지만
끝없이 문제를 만들어야 했어
시험 문항을 만들고
혼혈의 아이들을 낳아 식탁에 둘러앉아 각자의 모국어를 섞어 말할지도 몰라
콩밥을 나누고 에이즈 환자 모임에 가야 한다 해도

사랑한다면 사랑할 수밖에
너와 헤어진 다음 날 그를 사랑했어

인공호흡

늙은 해녀와 술을 마시며
누가 만지면 제 몸을 잘라버리는 해삼 이야기를
해삼에 물회를 씹으며 듣는다
멀리 사지 비틀며 키스를 나누는 연인이 보인다

숙소로 기어올라와 나는 수족관에서 뻐끔거리던 생선처럼
머리를 비스듬히 눕힌다 숨이 가빠진다
인공호흡기가 절실한 중환자 하나 내 안에서 헐떡거린다
생채기 도려내고 촉수와 말단을 끊었으니 영혼은 어디로 들어오나

미역 줄기처럼 넘실거리는 머리칼을 물속에서 끌어당겨
누가 내 입술에 숨을 불어넣어주면 좋을 텐데
누가 만져주면 잘라낸 것들이 생겨날 것 같은데
난 속옷도 입을 새 없이 빠져나와
철 지난 해변의 저녁을 서성거린다

사생아들

어떤 계집애가 기분 나쁜 시선으로
야릇한 미소를 띤 채 나를 쳐다봤다
당장 버스에서 내려 승강장에 서 있던 년의 팔을 쥐고
공중화장실로 끌고 갔다
돌려차기 세 번으로 완전히 쓰러뜨렸다
화장실 입구에는 내 몽타주가 붙어 있었다
꽤 미남에다 권태로워 보였다

우리 함께 거닐어 노는 것을 보네
너무 쨍쨍하게 햇살, 꿈에 흘러넘쳐
얼리고 녹이고 얼리고

내게 책을 선물 받은 자식이 책 감상을 제 블로그에 올렸다
나는 전화를 걸어 제발 지워달라고 말했다
그의 누나는 엠티 가서 모두가 술에 취해 잠든 시각,
근처에서 합류한 놈팡이와 사랑에 빠졌다

그녀의 순진하고 어리버리한 태도에 넘어가지 않는 이가 없었다
나도 넘어갔다
그의 형은 선지자인 양하는 휴머니스트 로맨티시스트 범벅의 과대망상증 환자다

오만상 찡그리지 마세요, 부모님이 나타나시면 저는 으스스해집니다, 때리지 마세요, 얼고 녹고 얼고, 제 손은 이미 늙었어요

아닌 척하지만 그들은 복수의 욕구로 시를 쓴다
그들의 순정한 어투와 연약한 심성과 동화적 상상력이 대중에게 먹히길 빈다
그들과 나는 패밀리이다
우릴 내동댕이친 세상에 이름을 날려야 한다
사람들은 기분 나쁜 시선으로 쳐다볼 뿐
아무도 우리의 천성과 재능을 몰라본다
권태롭거나 분노한 표정으로 단체 사진을 찍고

집으로 돌아와 칼끝으로 얼굴을 찍는다

더! 더! 더!
우린 외롭게 무리 지어 겁을 먹고 망설입니다
얼리고 녹이고 불태우고
절대로 유년 시절을 쓰고 싶지 않거든요

꽃다발

축하해
잘해봐
이 소리가 비난으로 들리지 않을 때

누군가 꽃다발을 묶을 때
천천히 풀 때
아무도 비명을 지르거나 울지 않을 때
그랬다 해도 내가 듣지 못할 때

나는 길을 걸었다
철저히 보호되는 구역이었고 짐승들 다니라고 조성해놓은 길이었다

날치고 훔치고

번개처럼 떨어지는 접시를 받았다
바나나가 있는 접시였다
바나나가 좋아
난 바나나가 좋아
더 주세요
위에 대고 소리 질렀다

내일부터 접시 닦기를 할 거예요
내 꿈은 작고 웃기는 거

껍질을 벗기면 하얀 과육이 나오고 빨면 즙이 나오는
바나나는 신기해
나는 아껴서 핥아 먹었다
눈을 감고
달빛이 펼쳐진 장원에 누워
조금만 부드럽게

어서 자둬

내일은 바쁠 거야

내 신발에 축축한 발을 담고 있는 너
만나기 전인지 후인지
지금 생각해보니 그날이 마지막으로 널 본 날이었어
우리가 큰돈을 벌 생각은 아니었잖니

오늘은 푹 자자 내일부터 바쁠 거야

눈을 떠보니 학교였고
새벽 두 시에
난 물을 마시려고 수도 아래 입을 벌리고 있었다

거기 누구 없어요

문 닫고 나왔다 어둠 속 긴 복도
몇 걸음 발끝으로 춤추듯이
물결 속으로 헤엄쳤다
바닷물은 미지근했고
너는 차가웠고

어두운 날들 밤의 물결이여
모두 나를 지나쳐 어디로 흘러갔나
왜 일부는 나에게 있나
바위 사이의 물풀처럼 미끄러운 계단을 타고
물속의 방파제를 지나 선착장을 지나
다시 물속의 노란 배로 헤엄쳐 들어간다

토막 난 생선 대가리들
선실 가득 동강이 난 부위들이 떠다닌다
자동차 충돌 테스트 후의 인형처럼 가만히
안전벨트를 매고
숨을 크게 쉬어보세요

친절한 지시에 따라
거품이 풍성한 맥주를 마시듯
난 바닷물을 들이켠다

문학적인 선언문

'사랑스러워'를 '사랑해'로 고쳐 말하라고 소리 질렀다
밥 먹다가 그는 떠났다
사랑스러운 거나 사랑하는 거나
남자는 남자다워야 하나

죽은 친구를 묻기도 전에
민첩하게 그 슬픔과 분노를 시로 쓰던 친구의 친구를 본 적 있다
그 정신에 립스틱을 바르고
난 멍하니 서서 아무것도 할 수 없었다
그렇게 시인은 시인다워야 하나

오늘 나는 문학적인 선언문을 고민한다
내 친구들 대부분은 이미 써서 카페에 올렸다
주저 말고 서둘러야 한다
적이 문제다

'-적(的)'은 '-다운, -스러운'의 의미를 가진 접

사인데
 '문학적(文學的)'이라는 말
 문학적 죽음, 문학적 행동, 문학적 선언, 시적 인식, 시적인 소설
 나는 지금 시적으로 시를 쓸 수 없구나

 문학적인 선언문을 쓰자는 말은
 왕에게 속한 신성한 것을 그냥 불러서는 안 되는 폴리네시아 인처럼
 은유로 도피하라거나
 수사적 비유를 사용하라는 뜻은 아닐 텐데
 나는 한 줄 쓰는 데 좌절하고 애통함에 무기력하다

 그리하여 난 또다시 적(的)의 문제로 적(敵)을 만들게 될 것이다
 나는 내가 시적이지 않은 시를 쓰며
 시인답지 못하게 살다
 문학적이지 않은 죽음을 맞게 되길 빈다

죽지 않는 시인들의 사회

그들은 둘러앉아 잡담을 했다
담배를 피울 때나 뒤통수를 긁을 때도 그들은 시적이었고
박수를 칠 때도 박자를 맞췄다
수상작에 대한 논란은 애초부터 없었고
술자리에서 사고 치지 않으며
요절한 시인들을 따라가지 않는 이유들이 분명했다
더 이상 믿을 수 없는 연애 사건도 벌어지지 않았다
나는 죽어버릴 테다
이 문장을 애용하던 그는
외국으로 나다니더니
여행책자를 출간해 한턱 쏘았다 난 안 취할 만큼 마셨다
중요한 건 그 자리에 빠진 이들
그 시인들은 제 밥그릇 앞에서 기도를 하고 있는지
신촌의 작업실에서 애들이 기어다니는 방구석에서
날이 밝아올 때까지 하찮아지고 있는지
뭔가 놀라운 한 줄이 흘러나오고 손끝에서

줄기와 꽃봉오리가 환해지는지
중요한 건 그런 게 없다는 것
아무도 안 죽고 난 애도의 시도 쓸 수 없고
수술을 받으며 우리들은 오래 살 것이다
연애는 없고 사랑만 있다
중요한 건 아무것도 없다
조용히 그리고 매우 빠르게
시는 아무 일도 일어나지 않게 했다

페와 이발사

이럴 때 나도 신중해져서 가위 든 손이 주춤거린다
혼자 머리칼 자를 때마다 까만 손가락이 목덜미에 닿아 간지럽다
선불 받고 사라진 이발사
그 시커먼 늙은이는 길거리에서 내 머리를 자르다 경찰이 보이자 달아나버렸다
반만 잘라놓고 어쩌라고
기우뚱 앉아 한나절 기다렸으나
그 이발사, 아니 빼빼 마른 사기꾼, 아니 넝마주이, 숙맥
돌아오지 않는 호숫가 그날

고요해져서 내가 영 나 같지 않을 때
잘라버린 머리칼이 문턱 너머 풀풀 흩어질 때
두피가 비누처럼 부풀고
머리칼이 음모처럼 가지런해질 때
새장 든 소녀가 지나가고 탱크가 지나가고 한국인 부부가 밥을 파는

그 망해가는 가게가 있는 길거리
폐와 호수로 난 날아간다
그와 다시 마주치면 이 언밸런스 스타일이 뭐냐고
이번엔 제대로 잘라달라 조를 텐데
어수선한 잠의 호수 위로 그는 자꾸 떠오르고
좌우 전후를 따지는 내 머리가 흰 바위들 곁으로
가라앉았다

파도

앞집은 반년 넘게 비어 있었다
할아버지가 자다 돌아가신 후 할머니도 쓰러져 아들네로 가셨다
그들은 구세군 교회에 나가는 것 같았고
한여름 현관문을 열어놓으면 자기들도 따라 문을 열어놓곤 했다
황급히 내가 문을 닫기 전
아주 잠깐 동안
쇠문 모서리들이 닿을 듯 만든 연리지 통로로
알 수 없이 시원한 바닷바람이 흘러 다니는 걸 느꼈다

나날이 나는 옹이투성이 목재처럼 까칠해졌고
계단참에 서서 담배 피우다 번거롭게 인사할 필요 없어졌고
자전거를 내 멋대로 세워둘 수 있었다
그러나 현관문 아래 검은 물이 흥건하게 새어 나오는 것 같았다

컴컴한 그 집에서 나는 종소리는 떼어가지 않은 풍경 때문이겠거니 했으며
기도 소리가 나고 발소리가 들리는 환청에 머리를 흔들었다

조금 전 이삿짐 트럭 한 대가 섰다
문가에 층층이 쌓인 책들과 조악한 가구들과 조각품 때문에 문을 열고 나갈 수 없다
신기한 마음으로 나는 서성거린다 그가 가진 책들의 제목을 훑어보면 그 사람을 알 수 있다
앞집 사람들은 도착하지 않았고 저녁 내내 교외의 낡은 아파트에는 덧없이 밝은 빛이 감돌고 있다
내가 이사 오던 날 노부부도 난간을 붙들고 몸을 구부린 채
현관문 아래 밀려드는 바닷물처럼 환한 불빛을 엿보고 있었을 것이다

날마다 설날

올해는 한 사람도 사랑하지 않으리
올해는 술을 줄이고 운동을 하리
계획을 세운 지 사흘째
신년 모임 뒤풀이에서 나는 쓰러졌다
열세 살 어린 여자애에게 매혹되기 전 폭탄주 마셨다
천장과 바닥이 무지 가까운 방에서 잤다
별로 울지 않았고 별로 움직이지 않았다

날마다 새로 세우고 날마다 새로 부수고
내 속에 무슨 마귀가 들어 일신우일신(日新又日新) 주문을 외는지
나는 망토를 펼쳐 까마귀들을 날려 보낸다
밤에 발톱을 깎고 낮에 털을 밀며
나한테서 끝난 연결이 끊어진 문장
혹은 사랑이라는 말의 정의(定義)를 상실한다

설날의 어원은 알 수 없지만

서럽고 원통하고 낯선 날들로 들어가는 즈음
뜻한 바는 뺨에서 흘러내리고
뜻 없이 목 쉰 소리로 노래를 부르는데

한 사람도 사랑하지 않는 일은
백 사람을 사랑하는 일보다 어려운 이성의 횡포
수첩을 찢고 나는 백 사람을 사랑하리
무모하게 몸을 움직이지 않으며
마실 수 있는 데까지 마셔보자고 다시 쓴다

12월

저녁이라 좋다
거리에 서서
초점을 잃어가는 사물들과
각자의 외투 속으로 응집한 채 흔들려 가는 사람들
목 없는 얼굴을 바라보는 게 좋다
너를 기다리는 게 좋다
오늘의 결심(決心)과 망신(亡身)은 다 끝내지 못할 것이다
미완성으로 끝내는 것이다
포기를 향해 달려가는 나의 재능이 좋다
나무들은 최선을 다해 헐벗었고
새 떼가 죽을힘껏 퍼덕거리며 날아가는 반대로

봄이 아니라 겨울이라 좋다
신년이 아니고 연말, 흥청망청
처음이 아니라서 좋다
이제 곧 육신을 볼 수 없겠지
움푹 파인 눈의 애인아 창백한 내 사랑아

일어나라 내 방으로 가자
그냥 여기서 고인 물을 마시겠니? 마지막으로
한 번 더 널 건드려도 괜찮지?
숨넘어가겠니? 영혼아,
넌 내게 뭘 줄 수 있었니?

호수의 백일몽

 지금 나는 여태껏 보아왔던 사람들 중에서 가장 늙고 커다랗고 비만한 남자와 마주 앉아 있다. 그는 어두침침한 실내의 다다미 위에 입을 반쯤 벌린 채 거의 20년을 그대로 앉아 있었던 사람처럼 보인다. 흰머리 위쪽에 달린 거무스름한 선반 위에는 국수 그릇과 성경, 담배와 나이프와 마스크, 알록달록한 약병 따위가 아무렇게나 놓여 있다. 넘어진 우스타 소스병에서 흘러나온 검은 액체가 죽음에 가까운 음울한 사람의 얼굴 위로 흘러내리고 있다.
 작년 이맘때쯤 처음으로 이곳에 왔던 때와 달라진 게 있다면 그가 훨씬 더 뚱뚱해졌고 말수가 적어진 것 정도다. 역겨운 냄새가 퍼지고 모차르트의 C장조 푸가 K. 394가 울려 퍼지던 게스트 하우스. 미치지 않았다면 누가 그토록 미끄러운 언덕을 따라 올라와 오두막집의 삐걱거리는 문을 두드렸을 것인가? 그때도 그는 100살은 족히 넘어 보였고 몸무게는 150킬로그램을 왔다 갔다 할 것이 확실했고, 만약 제대로 일어선다면 머리가 천장에 닿을 것 같았다. "이거, 정말 고맙습니다." 내가 파스타를 말아서 그의 입에 넣어주었을 때 쥐들이 찍찍거렸다. 달빛이 스며들어도 어두운 집 안에는 시원찮은 난로와 새끼 쥐와 우리들의 하얀 입김이 엉망진창의 분위기를 만들고 있었다. 자세히 봐도 미남형의 얼굴은 아니었지만 웃을 때마다 쥐꼬리 같은 주름살이 늘어났지만, 그가 꾀죄죄한 손님 때문에 붙박이 욕조에 물을 채우고 그 물을 데우느라 죽은 육체를 옮기듯 움직이는 걸 보며 쓰윽 내 입꼬리는 끝없이 올라갔었.

 그와 헤어져 눈 덮인 언덕을 내려오는 내내 난 펑펑 울었다. 열차 검표원에게 표를 내밀며 눈물을 닦았고 이후로 내 뺨은 한 번도 젖지 않았다. 악의로 가득한 미소를 띤 채 어깨를 몇 번 으쓱했을 뿐인데 나는 1년 후로 되돌아왔다. 지금 그는 산을 찾아가야 한다고 말한다. "자, 보시죠! 발부리산이라는 지명은 어디에도 없지 않습니까?" 그는 조용히 오랫동안 나를 쳐다본다. 프랜시스 베이컨의 초상처럼 뒤틀린 얼굴이 벼루 색으로 변해간다. 지난해에도 그는 로자

룩셈부르크가 태풍의 이름이라고 우기며 예술과 분리될 수 없는 천체의 정의로움에 대해 두 시간 가까이 이야기를 했다. 결코 그런 태풍은 없었다. 나는 손을 들어 벌레를 쫓는다. 사지를 뻗고 방바닥에 눕는다. 머리카락이 언제 젖었는지 모르겠다. 나는 살핀다. 창밖으로 바위 모양의 구름이 흘러가고 새에서 코끼리로 변하고 있는 바위 옆에는 큰 나무가 있다. 마다가스카르의 바오밥나무를 보러 떠나야지. 그러나 발부리산은 어디 있는가? 그가 간 적은 없지만 줄곧 갔다 온 것 같은 느낌에 휩싸인다는 그 산이 세상 어딘가에 존재하기나 하는가?

변두리, 호수가 보이는 언덕, 오두막에 가까운 게스트 하우스에 어둠이 다가오는 저녁, 노인은 잠들고 난 내가 갈망하고 호소했던 것들로부터 튕겨 나와 나의 피난처로부터 쫓겨나 내가 거부했던 것에 대해 생각한다. 본질과 어울리지 않는 의미들을 캐는 이 우둔한 머리여! 사라지는 것, 도주하는 것 들에의 편애여! 귀에 이어폰을 끼우고 '모차르트는 너무 오래 살았다'고 중얼거리는 밤, 겨울 한철은 극권 너머 어둡고 어두운 땅에서 보내고 싶다고 이야기했던 피아노 연주자의 최후를 떠올리느라 내 마음은 온통 휘저어 놓은 호수처럼 황홀경에 빠진다.

"곧 할 수 없다면 영원히 할 수 없을 거라네. 그러곤 다른 것을 선택하겠지." 깊은 밤의 간이침대 위로 두꺼운 손목이 올라온다. 그의 손은 피아노 뚜껑을 연다. 어김없이 손가락의 떨림으로 건반의 울림을 보존한다. 내 관절의 단단함을, 그 느낌이나 음향이 만족스러워질 때까지 눈을 감고 극도로 예민한 손놀림 속에서 고통스러워한다. 나는 눈을 감은 채 그를 본다. 다시 울 수 있을까? 내년이 왔을 때 그는 더 이상 여기 없을 것이다. 아주 짧은 순간, 손끝으로 스치는 정도의 접촉으로 우리는 평생토록 우정을 나눠버리는 게 아닌가.

엉겨 붙은 머리칼을 자른다. 턱수염은 그대로 두고 얼굴을 닦아준다. 내가 그의 두껍고 지저분한 발에 구멍 난 양말을 신길 때에도 그는 팔짱을 낀 채 우중

충한 하늘을 올려다보고 있다. 양모 스웨터를 입히고 가죽 장갑을 끼우고 그를 부축해서 밖으로 나온다. 그는 내 어깨를 나무판자처럼 의지하고 눈발 속의 파도 위를 표류하는 사람 같다. 우리는 발부리산을 향해 가는지 모른다. 그의 흐릿한 눈은 기쁨으로 과도하게 일그러지고 침이 흐르는 입술을 벌렸다 오므렸다 하지만 어떤 소리도 나지 않는다. 수리에 들어간 지 7년이 다 되어가지만 소식이 없는 그의 피아노처럼. 그가 두 발짝 걷고는 꽝 하고 넘어진다. "얼마나 빨리 달릴 수 있겠어요?" 나는 그의 배 위에 올라탄다. 나는 잔인한 미소를 띤 채 마치 세계가 여기서 시작되거나 멈출 수 있다는 듯 그를 어루만진다. 가슴을 축으로 완전한 소용돌이가 그려질 것이다. 우리는 몸을 운전해서 언덕을 내려간다. 공포를 통과한다. 우회를 통해 정수에 도달할 것이다. 빠르기를 조절할 수 있는 보호 기어도 변속 장치도 없기 때문에 우리는 언덕의 움직임에 따라 변화되며 마찰할 수밖에. 다 내려왔을 쯤엔 어지러운 변주가 끝나고 나선으로

빙글빙글 돌던 몸이 올라가는지 내려가는지 알 수 없게 된다. 몸이 마음보다 더 빨리 지각하고 도착하고 싶다면 그곳을 보아야 한다. 그가 여기서 멈추었기 때문에 여기 특별할 것 없는 호숫가는 특별한 곳이 된다.

  혀끝에 맴도는 그의 이름, 추월하려다 당한 교통사고로 완전히 뒤틀려 참혹하게 아름다운 얼굴. 처음엔 병균이 옮을까 봐 악수도 할 수 없었지. 노래하거나 연주하지 않게 된 후 음악을 찾았다고 말하는 한물간 피아니스트는 막무가내다. 나를 바오밥도 아닌 이상하게 생긴 나무 앞에 세워두고 한 컷의 사진을 찍는다. 이윽고 내 손을 감싸 쥔 채 얼어붙은 호수 위를 걸어간다. 우리는 몇 개의 물구덩이를 지난다. 나는 지쳐 털썩 주저앉는다. 길게 엎드린다. 나는 팔을 뻗어 물 아래 매달아놓은 쇠사슬을 끌어올린다. 쇠사슬 끝에서 얼굴을 감싸 쥔 채 얼어붙은 소녀가 끌려 올라온다. "네 발 아래서 암살이 이뤄졌고 부드러운 과실들이 다 썩었어. 발부리를 조심해." 맙소사, 내가 캄캄한 깊은 잠에서 깨어났을 때 미명 속에 아무도 보이지 않는다. 노인과 소녀는? 내 나무와 주먹과 사슬은 어디로 갔나? 여행 중의 침상에서도 떨칠 수 없는 시공간이 어긋난 느낌. 얇은 얼음장에 귀를 대고 웅크린다. 겁먹은 쥐들은 찍찍거리고 노인의 기침 소리, 문짝이 삐걱대는 소리가 난다. 비밀스럽고 가운데가 엉겨 붙은 두 눈이 뚫어져라 나를 본다. 나는 목덜미에서 무릎까지 피부가 벗겨지는 고통에 휩싸인다. 산을 무너뜨리는 내면의 진동, 언제까지 이 불연속의 의미 없는 우연은 지속될 것인가?

제2부

기적

  뭐야 이거 이렇게 차갑고 더러운 덩어리 공중에서 떨어지지는 축축한 거 (나의 통역이 맞다면 그는 분명 이렇게 말했다) 내 목도리를 둘러주었지만 그는 하늘을 째려봤다 찌푸린 채 떨었다 그는 쿠바에서 온 소녀 그에게 첫눈이 내리셨다 무례하고 재수 없이 쏟아졌다 내가 웃는 사이 가스통을 실은 오토바이가 폭설 속을 뒹굴었다

기타의 행방

 내가 잃어버린 기타는 구석에 삐딱하게 서 있었다 끊어지기 쉬운 줄에 증폭되지 않는 소리를 갖고

 내가 잃어버린 기타는 기타 옆 기타 목을 나란히 기댄 모퉁이의 보통이들 가방이나 트렁크보다 유행에 뒤떨어지는 보따리 같은 것들

 쫓겨 나온 난민들에게 방송기자가 묻는다 지금 당장 필요한 것이 무엇입니까 대답은 길어지고 나의 기타는 물어보나 마나 한 물건 혹은 두고 오거나 잃어버린 것들을 진술하는 항목 다음에 뭉뚱그려 존재하는 것들

 나는 기타에 들어간다

 그리하여 나는 이리저리 튕기는 줄 튕겨지면서 나는 아스라한 먼지 부서지기 쉬운 목 손으로 누르면 바로 나는 소리 말고 좀 있다 흐느끼는 소리 다시 돌

아가 또 다른 어떤 것 만약 백을 센다면 백 다음에 돌아가는 얼굴 익명들 언제나 불리는 곡 말고 리드나 백 밴드 모인 사람들 말고 여기저기 인용되는 이름 말고 뒤떨어지거나 앞서 가지 않았는데 없었던 게 되는 사람들 그러나 유일하지도 않은 사람 이렇게 눈 오면 설레는 기분 다음에 오는 어쩔 수 없는 감정 열렬히 수렴되지 않는 기타 등등

눈 그친 밤 젖은 부츠를 문밖에 두고 창가를 서성거린다 의자로 침대를 만든다 몸 말고 눈을 감으면 나는 멀리서 우는

난 너의 차가운 기타

모계

야자도 눈이 있어 사람이 지나갈 때는 떨어지지 않습니다
눈이 퀭한 원주민 노인이 웃으며 말했을 때
나는 그 야자수 숲을 통과하지 않았다

먼 곳에서 나를 보는 눈이 있어
나는 기필코나 한사코를 꺼린다
나는 횡단이든 종단이든 계획이 없고 종파에 관심 없으므로

신을 반쯤 믿는 것은 안 믿는 것보다 나을 게 없다고 엄마가 그랬지만
난 여념(餘念)이 필요하다
잘 모르는 것을 사랑한다
나는 한쪽 눈을 뜨고 웃어 보였다
전적으로 완전하게

그렇게나 김밥 말기 달인이 된 김밥 장수 할머니

성경을 다 외우는 이달의 전도 왕 어머니
설사 그랬다고 하더라도 나는
나는 내가 잘할 수 없는 일을 시작했다

손님 없는 가게를 차리고
신도 신도도 도망간 사이비 기도원에서 손을 모읍니다
뒤축을 포개놓은 실내화처럼
할머니 그렇게 보지 마세요

저리 먼 곳에서 보는 눈이 있어 아이들이 찬 공은 내 머리를 맞히고
나는 머리 위로 축구공을 들어 올린다

목련이 행주처럼 너더분해질 때
도마는 깨끗해진다
혼자 퍼먹는 밥은 이토록 맛난 것이다

백발의 신사

날 보러 여기까지 오다니
7, 8년 만의 동행이다
어스름한 강에서 번져오는 안개
이 사람은 폐에 생긴 병으로 죽다가 살아났는데
여전하다
조깅하는 여자 젖가슴에서 눈을 떼지 못한다
슬그머니 내 손목을 잡기에
얼른 뺀다

"돈이나 벌지, 공부해서 뭐하냐."
"……"
"이제 시니 뭐니 그만 써라. 그거 써서 뭐하냐."
"……"
"인생 별거 없더라, 쓸데없는 데 피 말리지 말고 슬렁슬렁 살아라. 듣고 있냐?"
"……"

도망쳤겠지, 옛날 같았으면, 무슨 자격으로 간섭인

가, 아아, 당신이 내 인생을 망쳐, 아니 도대체 누구
누구한테 잘못한 줄 알기나 하는가, 죽어버려라, 악
다구니 치면서

"저기 보이죠? 저게 의암(義岩)이에요."
"뭐, 뭐 말이냐?"
"무식하기는…… 책에도 나오는 그 유명한 바위 말
이에요. 임진왜란 때 논개가 왜장을 끌어안고……"
"참 내, 내 눈엔 그냥 바윗돌이구먼, 의암은 무슨
얼어 죽을……"

새가 날아간다 어스름한 저녁 하늘을 자유롭게
아니, '자유롭게'를
재빨리
뺀다
새가 날아갔다 그냥, 제멋대로, 제가 알아서, '자
유'에 얽매이지 않고
이제 남은 건 어스름

다행스레 나날이 내 눈도 마음도 침침해져가서
아버지가, 나름대로 멋을 내고 온 저 노인이
아버지로 보이지 않는다

너무 놀라지 마라

옥상에서 내가 떨어져도
구름 속에서 사람들이 떨어져도
지하실에 갇힌 사람들이 불에 타 죽거나 물에 잠겨 죽거나 굶어 죽어도
지하로 더 내려갈 수 있다
극과 극은 통하고 미지는 없다
너무 놀라지 마라
물수건에 죽은 벌이나
검은 비닐봉지에 갓난애를

저 여자는 슈퍼에 가는 게 아니다
택시를 타려면 강간을 각오해라
선뜻 지갑과 몸을 주고 목숨을 구걸해라
산책은 무슨 얼어 죽을
죽이나 먹어라
자빠져 자라
잠든 사이 축대가 무너지고
잠수정은 폭파되고

어린 자식이 부모를 죽이고
선생이 제자들을 죽이더라도
물론 반대의 경우도 있지만
자살처럼 너무 흔해 빠진 뉴스지
위에선 더 큰일이 벌어지고 있잖니
그들이 초고속 열차를 개통했다
달아나라
정차하지 않는 그 기차를 타고
기차 끝에서 기차 끝으로 달음질쳐봐라
성실히

식판을 들고 줄을 서라
밥은 굶어도 꼭 먹어야 한다
수면제와 진통제 환각제, 아무튼 약을 입에서 떼지 마라
머리 위 선반에도 없다
네가 낳은 앤 벌써 네가 먹었잖니
애야, 너무 놀라지 마라

네가 놀라지 않는 것에
내일은 더 무서운 자극이 필요할 거다
봐라, 네 식욕은 상상력은 아무것도 아니잖니

당신의 코러스

　당신의 노래가 나를 흔드네 나를 흔들어 심지어 지금에 와서도
　나를 내려다보며 내게 미소 지으며 나를 위해 노력한다 노래하네 하얀 레이스 강보에 싸여 나는 베리 굿 맨 스윙스윙 흔들거리네
　당신의 노래는 커리 소시지 반쯤 탄 빵
　나는 떨어지는 빵 부스러기를 따라 수면에서 수면으로 이동하는 물고기
　당신의 노래는 머리맡에 죽은 새
　내가 깰까 봐 얹어놓은 검은 코러스
　나는 방해하지 않네 더 이상 소란 피우지 않아 당신의 노래는 내 머리맡에 죽은 쥐
　죽은 쥐의 배 속에 까마득히 아름다운 거

　당신은 내 매트리스 위로 기어올라와 물에 젖은 체리 케이크 같은 얼굴로
　몸을 굽히고 노를 저어
　난 수면에 빠져 숨을 쉴 수 없는데

좋아?
음
만져볼래?
사정해도 돼?
음

아가리를 벌린 진열대 생선처럼 난 눈이 안 떠지네 내 심장과 배를 훑고 귀를 기울이다 냄새를 맡아 내가 잠든 척하면 당신은 떠나겠지 아예 잠들면 당신은 떠나겠지

또다시 당신의 노래는 나를 흔드네 날 흔들어 심지어 지금에 와서도 절고 축축한 매트리스에 무릎 꿇고 내 이마를 쓰다듬지 당신의 노래는 머리맡에 죽은 쥐 그 배 속에 우글거리는 슈거볼 같은 거 귓속으로 밀려와 내 심장과 배를 훑고 허리를 잡고 뇌로 올라와 오 나의 사랑 이제 그만 쉬어라 난 온종일 가물가물 수면에서 수면으로 흘러가는 매트리스 당신의 코러스

가 내게 귀를 기울이지 당신들의 노래 모두 한 입술
로 다시 해봐 잘될 거야 토닥토닥 내 발아래에서 머리
끝으로 애무하듯 끌어올리는 이 지퍼 당신의 코러스

카트를 타고

  정신없이 달린다 미간을 찡그리고 앞사람을 밀치고 고개를 휘저으며 공원을 가로질러 새엄마는 내가 잠들어 있는 카트를 골목 안으로 밀어붙인다

  네 개의 바퀴가 멈추기까지 그녀의 껄렁한 휘파람 소리가 자장가처럼 들려온다

  우리는 이동했다 카트를 타고 나는 학교로 할머니는 요양원으로 우리는 같은 코너에 찌그러져 있다가 집어 드는 사람의 카트로 옮겨진다 계산대를 거치면 삑삑 경보음이 울리고

  얘는 얼맙니까?
  따뜻한 지갑이 벌어지고 아저씨는 나를 싣고 계산대를 통과한다

질 & 짐

0.26킬로그램

목욕탕 저울에 나타난 숫자

나 어쩌다 이 짐 속으로 속으로 빨려들게 되었나

그러거나 말거나

  당장에 나는 길 구석에 서서 끈을 약간 느슨하게 풀어놓고 흘러넘치면서 흘러넘치는 것을 본다 어둡고 축축한 밤 검열대 위에서 덜어내는 짐 내용물 구멍에 손가락을 넣고 올리고 흔들고 뺐다 넣고 지퍼만 조금 열고 머리칼을 쥔 채 퉤퉤 사랑하는 동안 아직 사랑이 아니라는 미친 혼잣말까지

  폭발과 낙하, 삽입과 방출, 그러면서 닳고 낡아가는 지겨운 짐을 찾아 다시 발작하고 어느 날엔가 줄을, 수많은, 거의 들을 수 없이 거칠게 줄을 감고

나의 짐은 나를 끌고 나는 나의 짐을 끌고, 질질

엄마, 난 어둡고 축축한 데가 좋아요, 그게 어때서요?

구석에 서서, 이 생각이 미치지 않게, 난 일시적으로 중단한다, 아까 난 왜 그렇게 말했을까

가령, 내 머리를 툭툭 치며
이 고기는 영혼이라는 엉성한 줄로 아무렇게나 닥치는 대로 묶은 것인데요, 시간의 통로에 쑤셔 넣어져 어디론가 옮겨지고 있어요, 헤헤, 단정하기 좋아하는 사람들의 단정하고 역겨운 말투로, 아아아, 제발, 제 발설에 발끈하여 말하지 말자 말하지 말자, 하면서 말하는 나여, 어떤 짐이건 내게 온다면 난 그걸 질질 끌고…… 그러면서 공사판이건 부두건 하역부들의 근로에 관해 말할 처지가 아니지 않았느냐

그러거나 말거나

그들은 모여 있었다

　기내에 들고 들어갈 수 있는 짐은 15킬로그램, 벽돌만 한 내 책을 트렁크에 넣을 수 없다고 했지 저리 던진다 해도 아무것도 깨뜨릴 수 없고 집을 짓는 데 쓸 수도 없지 그건 대수로운 일이 아니다 보잘것없어지자

　15킬로그램에서 0.26킬로그램이 차지하는 비중은 57분의 1, 그 정도에 미치지 않게, 그 안에 들지 않으면 누가 읽겠어, 읽기를 포기하라고, 너 작정하고 이 따위로 쓰는 거지? 내가 웃기기 위해서라면

　내가 좀더 잘 웃거나 웃게 하는 짐이었다면 질 좋은 짐이었다면 그들은 나를 버리지 않았을까 나 말고

통장을, 화장품 통을, 라디에이터를…… 엄마는 더 나은 선택을 했다

 짐을 열어보면 삶의 질이 보이지요 질에는 질염이 있고 빨갛게 붓는다 해도 난 그 안을 볼 수 없거든요 당신이 무슨 생각을 하든…… 생각이 거기 미치자 난 내 짐 속에서 꿈틀거렸다

 그들은 나를 놓고 떠났다 기차역에서 나는 나를 분할해서 여기저기 실었다 굴뚝이 사라진 동네, 전깃줄이 사라진 동네, 끊긴 전화선처럼 뒹굴뒹굴 나는 이리저리 심심했다

 그리하여 갑시다, 네임 라벨을 잃어버리지 않은 포장지처럼 우아하고 아름답게

 뭉개진 마음은 알코올과 함께 휘발할 수 있는 거잖아요 술을 얻어먹으려는 핑계를 대며…… 이런 맨송

맨송한 거짓말들로 창작은 참조에서 수집으로 주둥이를 벌리고 술을 붓는다 자기치료를 하는 심정으로 바지를 올린다 미처 말하지 못한 것보다 이미 뱉어놓은 짐이 무거워도 난 다시 주저 없이 말하는 존재

 지금 내가 무슨 말을 하고 있는가 생각이 여기 미치기 전에 다른 말을 하자면 연일 최고의 한파 최고의 기분 마침내 최고의 예술이라는 말에 쏟아지는 토사물 똥을 먹는 개처럼 곪은 피부를 긁으며 분비물이 터지지 않게 제때 나를 게운다

 물이 오물이 흐르고 대체로 정기적으로 피가 흐르는 나, 때때로 짐짝을 옮기듯 질질 이동하며 일시적으로 나라는 나라, 시라는 무국적의 세계—만약, 그 짐이 버려졌다고 해도 더럽다고 해도 상처 나고 구멍 난 데가 많다고 해도, 그게 오히려 자랑이 되는…… 아니라고요? 그러거나 말거나—로부터 자유롭게 출국하고 귀국한다고 착각했던 혹은 과대망상

그래도 된다면

  피 나는 곳에 입을 맞추고 밑으로 간다 굳이 방향을 정해서가 아니라 이게 천성, 땀이 밴 발에 입술을 맞춘다 더 아래로…… 할 수 있어 축농증 때문에 괜찮아 하지만 손수건 가진 적 없지 더 밑으로 발아래 검은 나무뿌리 묵묵히 묻어놓은 것들 번져가는 핏물 동네 수도꼭지처럼 내 말문에서 빨간 물이 쏟아질 때까지

  내가 널 껴안기 때문에 넌 다른 이를 껴안고 껴안지만 그 다른 이가 또 다른 이를 껴안고…… 이런 뒤죽박죽 팽창을 사랑이라고 부르자, 쳇, 코 푼 휴지와 헌 코의 나날이 지나면 코 푼 휴지 같은 꽃이 피고 지는 창가를 서성이듯 칫칫, 코는 헐고 기차는 오고 닥치는 대로 아무렇게나 나를 싣고 가는

나는 배 속의 거지 질 속에서 성년을 맞은 사람 녹슨 짐 문제는 끝없이 좁고 캄캄한 통로에서 몸뚱이를 돌이킬 수 없다는 것에 있다 어느 날 끈이 풀리고 내가 쏟아지면, 그게 어때서

　일시 귀국한 사람들이 모여 바다 밑에 가라앉은 고대 도시와 먼 나라 시위대와 사라져가는 문학에 대해 이야기할 때 난 일시적으로 흥분하고 벌벌 떤다 하지만 할 말 없다 왜냐하면 나 때문에 이들은 흡연할 수 있는 바깥 의자에 앉아 있기 때문이다 함께 벌벌 떤다는 것 같이 연기 속을 떠다니는 것 이게 기쁘다 오늘도 연일 최고의 한파 언제나 쌌다 풀었다 다시 싸는 짐짝으로써 연기나 피웠어야지 그것까지만 좋았지

　내가 추위에 떨며, 민망과 부끄러움에 떨며 내민 책, 무거우니까 부치라고 했을 때, 나는 변소에 갔다가 그곳을 나와 길 구석에 서 있다 죄송합니다만, 저울 좀…… 24시간 영업하는 이상한 목욕탕에 가서

시집 무게를 쟀다. 0.26킬로그램. 얼마나 더 가벼워야 하나

  이래도 된다면 아 씨발, 여기서 이러시면 안 된다고 해도 난 흘러넘친다 그 사랑 이야기는 언제쯤, 누벨바그, 너무 시시하고 어지러워, 멈추지 않는 구토, 더듬더듬 내 마음의 똬리를 틀어 나를 옮긴다 똥 먹는 개와 오물이 차오르는 쓰레기통 사이 달빛이 비치는 물웅덩이 말고 그보다 좀더 어두컴컴하고 이상야릇하게 더러운 구석으로

생활의 발견

치웠어요 우리요 우리 말입니다 오늘 할당된 노역을 다 끝냈다는 말씀이죠 작업장은 넓고 가도 가도 작업장 연금관리공단에서 나온 직원이 손가락질을 합니다

저렇게 죽게 됩니다 그는 우리를 벗어난 돼지를 가리켰어요

바지를 벗으려는 게 아니라 흘러내려가는 걸 잡고 있는 겁니다 개개는 거 아니고요 꾸미거나 뭘 삽입할 여유도 없습니다 허리띠를 지급해주세요 목을 매지 않겠습니다 다시는 감독관의 목을 조르지 않겠습니다

줄 서서 죽 받고 단 한 방울도 흘리지 않고 비웠습니다 보세요 딱도 건져내지 않았지요 내일은 페에 모레는 피에 도전할 겁니다 이제 편식하지 않으려고요 먹따고 내장 빼내고 식판을 씻고 변기도 닦았습니다 나는 커다란 솥에 이빨을 빡빡 문지릅니다

우리는 진지한 고백과 호소에 지루해졌고 우리는 치워도 다시 불결해지지만 특히 가족 이야기는 양칫물처럼 삼켜야 합니다 하지만 나는 낯선 걸 좋아하지 않아 혼잣말로 했던 말을 하고 또 합니다

　하수구 뚜껑 같은 달이 뜨면 단체로 체조를 하고 운동장을 몇 바퀴 돕니다 갑자기 호루라기 소리가 멈추고 사이렌이 울리면 우리는 냅다 뜁니다 어떤 이는 대피실로 어떤 이는 지하 벙커 고문실로 또 어떤 이는 실험실이나 소독실로 우리는 각자의 우리에서 다 함께 잠들고 있습니다

　폭풍우 부는 밤 어떤 이는 누군가의 창문을 두드립니다 방 하나 주세요 우리는 우리에서 나온 사람에게 줄 방이 없어서 잠든 척합니다 그는 사랑이라는 터무니없는 링거에 매달린 목숨일지 모릅니다 그 튜브에서 줄줄 새는 액체 때문에 어제도 한 사람이 죽었습니다

마임 모놀로그

서울역 앞 카페에 다섯 시간째 있어본다
잠잘 데가 마땅찮아서
첫차를 기다리려고
쉬려고
아닌 것 같다는 생각이 머리칼에 붙은 껌처럼 딱딱해진다

지금이 새벽 세 시 십팔 분이라고 동의하는 이 시차 없는 세계에서 우리는 각자 다른 시간을 사는 거겠지 무뚝뚝하게 탁자에 턱을 괴고 행인의 우산이 제대로 뒤집히는 것을 본다 친구여, 넌 어디 있는가 거기 비바람은 따스한가

폭우와 함께 번개가 치는 것이다 번쩍한 후 다시 번개가 치는 일은 없었다 기득의 순간처럼 숲이 불타고 들판이 초원이 사라졌다

흠뻑 젖은 남녀가 들어와 바로 옆자리에 앉는다 남

자가 커피를 주문하러 간 사이 얼굴을 가리고 여자가 운다

  여자가 제 가슴을 친다 팔을 휘젓는다 바르르 떨며 열 개의 손가락을 튕겨댄다 손바닥은 수면 위를 파닥거리는 흰 물고기 같다 여자가 공중에 떠 있는 피아노 건반을 두드린다 **빠르게 아주 빠르고 격렬하게**
  남자의 얼굴을 악보처럼 바라보며 손등을 나란히 옆으로 이동한다 머리를 뒤로 젖힌다 소리는 종횡무진 움직이고 점점 강해져서 클라이맥스로 고조된다

  오만상을 쓸 뿐 남자는 조용하다 조용하면서도 느리게 그는 손가락을 들고 공중의 건반을 튕긴다 여리게 점점 더 여려지면서 끊어질 듯이 무슨 말인지 자꾸만 똑같은 동작을 반복한다

  다른 테이블에서 들려오던 잡담도 스피커에서 울려나오던 팝송도 들리지 않는다 단지 저 사람이 내는

선율만이 탄식하듯 나를 감싼다

   여자의 분기등등한 수화도 끝났다 이제 두 사람은 무릎을 구부린 채 머리를 숙인다 젖은 운동화가 바닥을 누른다 피아노 페달을 밟는다 음은 끊어지지 않고 지속된다

   한밤의 카페 안에서 나는 자세를 고쳐 앉는다 창문에 연중무휴라고 씌어진 한밤의 카페에서 나는 이상한 불안감에 휩싸인 채 저들의 들리지 않는 대화를 엿듣는다 저들의 말이 미친 말처럼 문을 부수고 비 내리는 밤거리로 달아갈까 봐 저들의 노래로 귀가 먹을까 봐

   그리하여 한 개의 곡도 완성시킬 수 없다 한 시간 이상 몸부림치는 저들의 사랑싸움은 말다툼은 팬터마임 공연처럼 모호하게 아름다운데

친구여, 너는 왜 말하지 않았나 점점 여려지면서
조용히 끝나는 노래에 관해 불탄 숲에 관해 거기가
바위산인가 바람한테 집요하게 갉아 먹히는 돌멩이
같은 표정으로 넌 왜 입술만 달싹거렸나

자살

그 길지 않은 시간 동안
내게 한국말을 배우던 베트남 여자가 도망쳤다
그녀의 친구는 한국인 남편에게 살해당했다
말이 통하지 않아서 죽였다고 털어놓는
나는 그의 모국어를 혐오한다
그럼에도 불구하고 난 한국말로 먹고사는 사람
민간인으로 분류된다
잘 들어, 전쟁이야 잠시 휴전 중일 뿐이라고
새삼 일깨워주는 채널들

나는 값싼 부위 고기를 끊어와 삶는다
주로 주방에서 일하며 때때로 비상 전화를 걸고
이동병원까지 걸어가 근육 강화 훈련을 받는다

이곳의 상황을 보고드리겠습니다
지속적인 장마 아니면 혹한
이재민 캠프 곁 난민들의 임시 수용소
자살 아니면 타살, 무난한 건 자연사

어제 국은 썩었고 냄비는 엎어졌고
네 소식은 끊어졌다 이어진다
두절되기 위해

내일 날씨는 맑고 화창할 거란다
언제나 내일 내일
따라서 캠프는 지속될 것이다
추방 직전의 체류자
우리가 사라져도 남는 자가 있고 또다시 난민은 태어난다
관료와 직업군인, 그들이 친구들이 심심할 리 없다

보답 없는 일에 묵묵하고 응답 없는 세계에 열렬하라
이 문장은 다른 창에 띄워서 쓰고 있는 내 산문의 제목이다
도대체 어디서 인용한 거야
죽을 자신도 없는 새끼들은 인용의 천재

여기저기서 베낀 문구들을 이마에 대문 앞에 붙여두지

나는 무엇을 지체하는가
왜 머뭇거리는가
미친년,
친구들이 나를 부르는 애칭

무엇을 뭐하러 보류하느라 시계를 보고 허겁지겁 서두르는 것이냐
사랑을 피해 사랑 타령을 하는 겁쟁이처럼
대합실에 앉아 버스를 보내기 몇 번
줄을 서서 버스를 타고 반기지 않는 그리운 사람을 찾아 세 시간을 달려
10분 만나고 돌아와 운다

며칠간 먹을 국을 끓여놓고 얼마간 쓸 돈을 빌려놓고

나의 베트남 친구는 추방되었다
그 용기로 살아가지 쯧쯧 넌 참 쉽게 말하는구나
멍청이 정신병자로 분류되지 않으려면
의심 속에서 처참한 현장을 목격해야 한다
휴전 지대에서의 생존은 몇 편의 어이없는 영화를 더 보는 것
자살을 지연하는 용기와 인내심을 가지고
자본의 포로들이 살포하는 포르노 필름에 무한 반복 빠져드는 것이다

얼마나 황홀한가
그날 밤, 관료들은 차량을 통제하고 시민들에게 새로 만든 광장을 열어주었다
심야에 한꺼번에 민간인들은 거리로 쏟아져 수용되었다 설사 우리 편이 패배하더라도 환호하고 사이사이 구령에 맞춰 대한민국을 외치자고 누군가 선동했다

버린 애

거의 다 왔어

눈을 가린 헝겊을 풀자
숲입니다

뽀얘 보이다가 푸르른
꽃 진 벚나무 아래
초여름 저녁에
사람들이 모여 앉아 있습니다

내가 느낀 건 누구나 다 느낀다는 듯 웃고 있습니다
나를 데려온 이는 어디 갔을까요

거의 다 왔어
눈을 가린 손을 풀자
숲입니다

내가 아이였을 때

우물에 가득 쌓인 감 이파리를 치우며
할머니가 얘기했었죠
아무나 따라가면 안 된다
그때 나비가 날아갔고
무덤 곁 풀숲에 매인 검은 염소도 보였죠

나는 숲으로 들어왔습니다
누가 날 여기 버렸을까요
어디로 가야 할지 가르쳐주세요
한 번도 보지 못한 외할머니도 있고 어머니도 있고
재작년에 죽은 내 동생도 있습니다

내가 못 본 걸 누구나 다 봤다는 듯 웃고 있어요

발아래 잎사귀가 수북합니다
커다란 구덩이도 보입니다
청춘도 사춘기도 없었으나
희미했던 순간들이 떠오릅니다

나는 나를 놓치지 않으려고 양손을 꽉 잡습니다
내 엄지손가락이 내 손바닥을 뚫었습니다

바람에 머리칼은 마구 헝클어지고
새들이 날아 들어옵니다
제 둥지인 줄 알고
누가 내 머릿속에서 지저귀는 새를 꺼내주세요

거의 다 왔어
숲입니다

이 무시무시하고 빽빽한 숲 속에서
나는 오해를 풀려는 듯 뛰어다닙니다
아이들이 나비처럼 날아다니는 나무 사이를
내가 버린 애를 찾을 수 있을 때까지

옥상에서 본 거리

지나간다, 가장행렬이

두 눈과 입이 뚫린 가면을 쓰고
평생을 버티는 사람들의 연회장을 빠져나와
지금 난 옥상에 있다
허드슨 강가 옛날 도축장이 있던 자리

난 물과 양분이 필요하고 가끔 사람의 열도 쐬어야
한다

상관없어
우리는 사랑 때문에 자살하는 종족이 아니잖니

옥상 모퉁이에 움직이는 물체가 있었다
그들은 비벼대며 서로를 물어뜯다가
환풍기 옆 난간 쪽으로 다리를 옮기는 나를 보고도
흩어지지 않았다

저 아래 광장에는 비보이 날지 않는
기묘한 비둘기
거리의 바보, 화가, 연주자
거리의 여인
거리의 거지
저들이 찾는 것도 질 좋은 식료와 가죽일까

넌 이제 거리를 헤매지 않겠지 수많은 의상과 가면이 준비되었을 테지

누가 고함치고 누가 비명을 지르며 달아나고 또 누가 노래하나
포획과 은폐, 자유에 관하여
이 거대한 푸줏간을 어슬렁거리는 나는 게으른 종업원
나의 고깃덩어리를 관리한다

넌 이제 연회장에서 나와 꽃과 리본으로 장식한 차

를 타는구나
　잘 가
　넌 이제 구속을 얻었구나
　밤새 신부와 그 들러리들과 춤을 출 테지
　이 동네 최고의 미녀와 돈 많은 장인을 가졌다고
　그것이 능력이라고 능력이 곧 자유라고 주례사가
한 말이 뻥이 아니라면

도플갱어

나는 투표소에 가는 사람
주민등록증 가지러 도로 와서는 안 나가는 사람
내가 믿는 바를 스스로 믿지 못하는 사람
나는 검은 코트를 입고 휴대전화로 통화하는 사람
거침없이 말하고 후회하는 사람
나는 슬리퍼 끌고 편의점에서 술을 사는 한밤중 바코드의 사람
나는 도로 위에 흰 스프레이 페인트로 그려진 사람
빈둥거리며 지척에 흩날리는 나
꿈에 늑대를 타고 달리지만 대부분 걸어 다니는 사람
음악이 없으면 금방 다리가 아픈 사람
죽느냐 사느냐 고뇌하는 사람들의 성장기를 거치지 않고
죽일 것인가 살릴 것인가 망설임조차 결여된 사람
정부는 출산 여성에게 인센티브를 준다는데, 그깟 놈들 말 듣지 않는 사람
나는 콩나물해장국을 마구 퍼먹는 사람

대가리 떨어지고 뿌리도 시들시들 말라가는 사람
내가 던진 막대기를 물고 뛰어오는 사람
공원에서 주운 개목걸이에 딸린

오빠가 왔다

 오빠가 왔다 문자가 떴다 오빠라는 그는 시 쓰는 평범한 사람 일전에 택시 타자마자 미터기 꺾어요 소리쳤던 걸 봐선 보통도 못 될지 모른다 나야 나 미칠 것 같아 만약 시를 쓰지 않았다면 난 자살했을 거야 딱 몇 시간밖에 없어 시내까지 갈 시간도 아까워 그러니까 네가 우리한테로 와줘 이사하느라 바빠 죽겠는데 이런 전화까지 받아야 하나

 뭘 입을까 내 첫번째 청바지는 어디로 갔나 빨면 뒤틀리던 주머니들은 원단을 잘못 끊어와 속 터졌던 원피스는 어디 가 처박혔나 새장 속에 모자를 쑤셔 넣고 난 달려 나간다 일분일초가 아까워 무슨 일이건 우리가 한 발짝 앞서 가야지 전위적인 오빠들은 나를 밀어붙이지만 엘리베이터는 층마다 선다 우리 동네니까 난 꼼짝 못 하고 우리 동네니까 내가 계산한다

 조망이 엉망이다 뭉구스가 흐르는 객실 뭉개진 기념품 사이에 꺼내놓는 마른 다리들 새는 이 다리에서

저 다리로 대체 벌레가 아니면 무엇에게 자비를 베풀 것인가 시시한 화면을 틀어놓고 저렇게 해봐 이쪽으로 돌아누워 여럿이 함께 보이시한 티셔츠 길쭉한 다리는 나의 것 몇 달간 엉망진창의 시기가 닥쳐올 것을 전망한다 그러나 이 사실을 안다는 게 무슨 소용인가

 더 아프게 깨물어 오빠들은 울부짖는다 오라 태풍이여 날 조롱해줘 운명이여 오오 가혹하게 불행이여 한밤에 창문을 열어젖뜨린 채 제발 조용히 좀 해요 고통이여 오라 상처를 도지게 해줘 사람들 몰려오겠어요 난 말이야 생전에 이름 날릴 생각조차 안 해 닥쳐요 우리 동네라니까 넌 모르지 쐐기풀 옷을 입고 사금파리 널린 길바닥을 맨발로 걷는 게 창작이야 지금도 난 칼날 위에 쪼그려 술 마시는 것 같아 창작 작작 좀 하지

 왜들 이렇게 비장해야 하나 난 나간다 어떤 여인이

다가와 내 가슴을 어루만져줘 또 한 여인이 다가와 사랑해 죽을 때까지 죽을 때까지 세면대에 머리를 박듯 나는 이들의 음모에 머리를 파묻고 주억거려줘야 하나 흰머리의 부모님을 위로해야 하는가 도수 높은 술을 마셨는가 에크리를 읽었는가 도대체 읽는 게 다 무슨 소용인가 저물녘부터 풍선을 불어놓고 언니들은 나에게 가르쳤었다 경험은 다다익선이란다

 엘리베이터 안에는 빈 화분이 있다 들판이 있다 줏대 없는 나의 새는 죽었나 살았나 내 청바지는 가련한 미치광이는 왜 나를 떠났을까 절박하다는 건 뭔가 나는 시를 안 썼어도 목매달지 않았을 것이다 난 나를 저주하지 않으며 내 시는 볼펜으로 그린 내 손목시계처럼 아무것도 바꾸지 않는다 나는 속없이 다정하고 인생은 덥다 정말 영원히 기억될 밤이야 매일매일 중얼거린다

제가 쓴 시가 아닙니다

이건 내가 쓴 시가 아니에요

대충 만년필로 휘갈긴 것도 있고
침 묻힌 몽당연필로 꾹꾹 눌러쓰고 빨간 밑줄을 그은 것도 있네요

나는 안경을 쓰고 세심하게 윤문하지만
알아볼 수 없는 글자 때문에 제멋대로 몇 자 넣을 때도 있어요
간혹 자기소개서 대행업체 직원같이 불러주는 대로 받아 적을 때도 있답니다

이 시는 내가 쓴 게 아닙니다
난 혼자 피크닉을 떠났어요

바위에서 물이 쏟아지고 죽은 새의 깃털이 펄럭일 때
숲 속의 가지 끝에서 누군가 웁니다

리본을 풀고 붉은 책을 펼칩니다
나는 당신을 만집니다

뺨의 체온 머리칼의 감촉
나는 당신을 다 꺼내놓을 수 없습니다
시럽에 빠뜨린 크래커를 건지듯
따뜻한 틀 속의 쿠키를 꺼내듯
단지 나는 당신을 가지고 만든 책을 봅니다

당신은 키스로 봉한 편지처럼 오래된 노래
나를 봉하는 데 실패한 사람
보석처럼 빛나는 유골
없는 발로 꾹꾹 눌러쓴 책
단지 나는 당신을 여과하고 퇴고하고
나와 상관없이 흐르는 당신을 옮겨 적습니다

그러니 이 시는 내가 쓴 게 아닙니다

내 안에 침묵한 당신은 내 말의 시작
이 시의 끝이고 한계

지방의 대필 작가

그는 탈진해서 떠났다 돌아왔고
그사이 나는 글을 못 썼고 몹시 뚱뚱해졌다

겨울이 되어 낮이 짧아지고
내일의 낮은 더 짧아져서
아침을 먹기도 전에 땅거미가 내려도 괜찮아
시골집을 개조한 방
하얀 침대 밝은 욕실 두꺼운 커튼
물병이 있는 냉장고
천장에는 웃게 만드는 거울
여긴 모든 게 갖추어진 우주 비행선이야

문을 잠가
엄지손가락을 세우고 우리는 웃네
우리의 얼굴은 창백하고
옷을 벗어 던지는 장난이 재미있어
심줄이 불거진 발등에 발가락 티눈에 키스하는 건
좀 그렇잖니

솟아오른 자지와 그 둘레 가득히 윤나는 털
끈끈하고 따뜻한 허벅지를 맞대고 우리는 흥얼거려
몸이 뒤섞이고 신음 소리가 뒤섞이고
아아 나는 산산이 부서져 은하계를 휘돌아
하얀 시트를 펄럭거리며 매끄러운 포물선을 그리며

욱신거리고 턱이 아프고
넌 절뚝거리며 화장실에 다녀오지
우주는 흰 거품 같아
멍하니 있다가 이메일을 쓰네
친애하는 편집자에게
아버지께서 돌연 돌아가셔서 작품을 쓸 수 없었습니다
게다가 눈보라가 몰아쳐 집이 파묻혔어요
지금 저는 종교에 빠졌고 독감에 걸렸고 이가 쑤셔서 낡고 추운 방에서 히스테릭해져서 손을 떨며 이 글을 씁니다
저는 온전히 시에 헌신하고 싶지만

10년 만에 한 번 온 기회지만
다음 호로 미뤄주시면 안 될까요

뭐 또 다른 핑계 거리가 없을까
그럴듯하고 좀더 감동시키고 슬프게 하는 말
그딴 거 집어치워 대신 내가 해줄게
나를 잡고 일어서봐 입맞춤부터 다시
유방을 드러내고 턱을 내밀어줘
그렇지 이제 내가 네 몸에 뭐라 쓰는지
숨을 몰아쉬고 받아 적어

나의 파란 캐스터네츠

1

또 어딜 가려고요 머리칼을 빗어 올린 채 엄마는 목을 뒤로 젖힌다 언제나 양치질한 다음에 희고 긴 엄마의 목은 얼른 되돌아오지 않는다 내 손을 끌어당겨 입술 가장자리에 닿게 한 후 엄마는 말한다 말대꾸라도 하렴 고마운 여름 바람이 불어 들어온다 나는 캐스터네츠를 보여준다 귀여운 콧구멍에 벌레가 들어가는데 숨 막히게 환한 미소를 띠는 엄마 빛나지 않는 큰 눈을 깜빡거린다 넌 몸도 약한 데다 나이도 어린데 뒤따라가며 나는 운동화 끈을 묶는다 쿵쿵 손수건에 대고 피를 뱉는다

2

엄마가 복권 생각을 잊어버리고 나를 잊어버린다 세상에 이렇게 멋진 일이 영어를 못해도 말이 통하네

헤이 총각 검둥이 엄마는 내게 손 흔들며 미소 짓는다 늙은 거지에게 얘가 내 딸이에요 나를 덥석 받아 쥐고 오 네가 쟤 딸이냐 딱딱 나는 캐스터네츠로 대답한다 빈털터리 옆에 앉아 생활계획표를 그린다 눈을 내리깔고 미소 지으며 아가야 네 계획이 너무 소박하지 않니 할아버지 딱은 예고요 딱딱은 아니란 뜻이에요 손수건에 대고 피를 뱉는다 그럼 딱딱딱은 뭐냐

    3

  겨우 6시 50분 피우던 담배를 나에게 물려주고 엄마가 잠을 잔다 내 입술은 점점 하얘지다 푸르스름해진다 어지럼증 나는 음악 때문이야 엄마는 내 무릎을 벤다 나는 사자와 병아리 꼬마 하마와 함께 블루베리 케이크를 먹는다 꿈에 먹는 이 맛은 이웃집의 밀크 커피잔처럼 따뜻하고 내 침대가 제일 멋져 난 라디오를

그고 신문지 장판 위에 레이스 달린 침대를 그린다

    4

  토마토 줄까 집에서 처음으로 밥을 먹는다 딱딱 이 쌀밥이 세상에서 제일 형편없어요 매일 밖에서 먹어요 엄마는 내 손에 입 맞추고 눈물을 흘리며 키스를 퍼붓는다 나의 캐스터네츠는 딱딱딱 입천장이 가라앉으며 맞물리지 않을 때도 있다 손수건 좀 주세요 얼마나 고마운 일이니 새벽 4시에 전화가 다 오다니 치렁치렁한 긴 머리를 말아 올리며 우리는 서로에게 미소 짓는다

어머니의 방

식수가 모자라고
누더기는 더 빨리 닳아빠진다
물에 떠내려간 지붕 아래
눈부셔 눈 뜰 수 없는 나날은 계속되고
낄낄거리며 창백해지다
가슴을 한번 두드리고는 죽도록 두드리는 것이다

바로 이웃에 살거나 못생겼거나
그들이 방에서 나올 땐
빵이나 눈깔사탕이 쥐여져 있었고
간혹은 떨어뜨린 동전을 다시 줍는 아이도 있었다

서넛이 구슬치기하다 차례가 오면
흠칫 놀라 신발을 벗고
담에 붙은 쪽문을 열었다
시궁창 냄새가 났다
기어 나온 아이가 채마밭으로 굴러갔다
곱상한 소년이 재빨리 끌어당겨지고

쾅 문이 닫혔다

나란히 심어놓은 부추와 파는
질겨지고 매운 냄새가 사라졌으며
머리를 가지런히 빗기도 하며
종일 기다리는 아이도 생겨났다

달래보기 시리즈

너를 끓게 하는 게 뭐니?
널 참혹하게 만드는 것이,
두려운 게 뭐냐니까?
벌벌 떨지 마, 숨을 크게 쉬어봐라.
나보고 죽으라고?
자, 자, 시를 읊어주마.

오오 창백한 이여!
게걸스러운 소녀여!
나는 빈정거림을 사랑하였으나,
장미 덩굴은 불타고 나는 증오가 모자라다.
자만과 독설과 오열이 모자라서
공포 속에 때를 놓치고
번개 아래 전율하고 있으니.

밤 기도를 하던 때도 있었으나
이제 낡은 책과 찬가를 내 아궁이에 넣고
나는 불타면서 끓어넘친다.

손가락뼈와 두개골에 덧씌워진 것들로
마음 설렜던 자여!
나쁜 희망에 나는 찢어지고
선과 덕의 망치에 가루가 될 것이다.
알겠지? 그러니 그냥 여기서 내 젖이나 빨아줘.

세상에 아무것도 남기지 않을 거야,
서로의 인생에 자취를 남기지 못할 행동들 때문에
우리는 사랑스러워지고
밤마다 다리를 뻗고 나른해진다.

부부 자해공갈단

 돈 내고 도장도 찍었다 매일 저녁 어정버정 병실에 들러 상태를 살피고 또 그들을 달랜다 이러지 않으면 경찰에 잡혀가거나 죄책감에 사로잡힐 사람처럼 나는 화해를 시도하고 조금만 기다려달라고 애원한다

 좀더 구해볼게요 밤인데 애들은 왜 여기 기어들어가 죽었나 삶은 밤인지 벌레인지 우글우글 씹는다 매끈하게 깎아놓은 여기에 사랑은 가고 사면발넌지 뭔지 남아 내 피를 빠는 저녁 자포자기도 없이 줄줄이 링거를 매달고 누운 사람들 사이 방문객들이 주고 간 너무 익은 과일들의 냄새에 나는 코를 잡는다 새삼 궁금해진 고모 방의 연원과 조부모가 앓았던 병명을 묻는다 자기 목을 매다는 게 유전은 아니겠지 검은 에나멜 부츠를 내리다 말고 보조 침대로부터 망각으로 내 머리는 점점 떨어뜨려지고 완전히 곯아떨어진다

 숨넘어가는 목소리로 나를 호출해놓고 어머니는 파마하러 간다 똥 싸놓고 벌벌 떠는 아버지를 닦으며

내가 기다리는 것은 불분명해진다 손톱을 씹는다 사면을 기다리는 양심수의 신념에 대해 아는 바 없고 구사일생 넘쳐나는 기적들이 지겨울 뿐이다 기저귀 갈고 불알 두 쪽 들고 후후후 불어준다 젖비린내 나는 아버지 끔벅이는 눈가에 에센스를 발라주며 내가 이리 갸륵해져도 되나 어서 깨물어다오 오오 밀어 넣어다오 종언의 밤으로 넘쳐흐르는 상실 속으로 갚을 데 없는 갚지 않아도 좋을 부채감 속으로

안심하세요 멀리 안 갈게요 갑자기 목을 쥐고 몸부림치는 아버지 아이고 나 죽어 천장까지 이불을 차올리고 침대 위에 벌떡 일어선다 다시 피를 쏟을 듯 쓰러지는 연륜이 녹고 뼈가 녹고 늙어빠질수록 강력해지는 퍼포먼스에 내 구두는 매번 벌벌 떤다 합의 없는 세상으로 검은 골목을 빠져나오자마자 꼼짝없이 나는 악질 가해자가 되어 있었다 천천히 두 발짝 물러난다 얘야, 네가 태어났을 때 우리가 얼마나 무서워했는 줄 아니?

권태로운 첫사랑

나는 신생아처럼 더럽고 쪼글쪼글하다

그는 지독히 달라붙는 꼬마였고 나는 조로한 소녀였다

수학여행 가는 길에 배가 막 아프더니 속리산 밑에서 애를 낳았다 그때가 몇 살이었더라 처음 보는 사람은 아무도 나를 십대로 보지 않았으니

내일도 올까요? 사흘 뒤에 올까요? 아니면 일주일에 한 번?

언뜻 봐도 그는 달라붙는 꼬마고 나는 조로한 여자다

우리는 인터넷 카페에서 만나 횡천으로 갔다 그는 연탄을 가져왔고 나는 화덕을 껴안고 있었다 그는 우울했고 나는 사는 게 지겨웠다

테이프로 창문 틈을 막고 연탄불을 피우고 우리는 나란히 누웠다

　그는 지독히 달라붙는 꼬마였고 나는 실오라기 하나 걸치지 않은 늙어빠진 여자였다
　놓치지 말고 봐! 난 커튼을 활짝 열어젖혔다

　나는 기운이 달렸고 그는 침대 모서리에 사정을 했다

　자살하기 전에 섹스를 하니 현관문 쪽으로 기어가고 싶었다

　나는 기운 없는 할머니였고 엄마 빼고는 안겨본 적 없는 그는 꼬마였다

　나는 태어날 때부터 쪼글쪼글했고 머리칼은 뒤죽박죽 엉켜 있었으며 줄곧 망령과 노망기에 시달렸다 제

길 짧은 청춘도 없었다니 그를 만나기 전부터 그가 보내오는 이모티콘이 맘에 들었고 종종 난 그의 동그란 코와 생기 넘치는 탱탱한 엉덩이를 씻겨준다 욕조에서 입 맞추고 비누 거품으로 장난치는 게 좋다

  웬걸, 그의 마음을 어떻게 알겠는가

  그는 지독히 달라붙는 꼬마였고 망할 놈의 우리는 죽음을 빌었다는 것밖에

  나는 누워서 죽음을 기다리는 일이 지겹고 꼬치꼬치 묻는 너에게 싫증 났었고 벌써 이 꼬마에게도 싫증을 느껴 무슨 일도 끝까지 해보기 싫으니

  이쪽도 빨아줘 내 머리칼에서 흘러내리는 이것은

  아, 이걸 어떻게 말하지
  좋아 말하지 말자

나는 세상을 믿는다

밤에 걸어도
골목길을 가만히 누가 뒤따라와도
나는 믿는다

꽃 필 것을 믿고
그 지독한 냄새와 부스러기에 과민증이 도질 것을 믿는다
흐드러진 흰 꽃의 가치는 스러지는 데 있고
꽃나무 아래 하얀 목덜미를 젖힌 소녀에게
무자비한 사랑이 주어질 것을 믿는다

가구와 수집품을 밖으로 끌어내고
커튼을 뜯어젖히고
네 마음을 건드린 소리와 색채에 묻혀 있던 내 몸뚱이를
보라
사랑이여
무엇을 숨기고 있었는지

나는 믿는다
오늘의 뉴스를 믿고
유랑 극단을 믿고
노래와 서커스가 돌아오지 않을 것을 믿는다

어떤 음악도 독서도 나를 방해하지 않고
철거반도 폭격도 내 식사를 망치지 않는다
사랑아, 너는 파리처럼 날아왔다 떠날 것이다
대충 이러다 멈춰줄 걸 믿는다

뜸하게 물을 줘도 꽃은 피고
물 주지 않았는데 흙에서 반쯤 나와 피어나는 꽃도 있다
그런 꽃일수록 끔찍하다
마스크를 쓰고 밖으로 빠져나간다

어두운 골목에서 빠져나온 강도가

어쩌면 기다리던 애인일지도
살인은 멈추지 않고 강간은 끝나지 않고 전쟁은 더더욱 치밀해질 것이다
우리는 충분치 않은 과오를 나누고
끝내 나아지지 않은 채 사라질 것을 믿는다

동시에 모두가 왔다

도시의 군중 속으로 나는 사라진다
이렇게 눈비가 한꺼번에 올 때
우산을 세우고 천천히 걷는다
나에게는 즐거워할 일과 돌아버릴 일이 동시에 왔고
사건에 묻어 사건들이 들이닥쳤으며
친구들은 패거리로 몰려왔다가 떠났다
한쪽 눈썹을 치켜들려면 다른 눈썹도 들린다
가령 이런 식이다
남자 친구의 아버지가 소파를 바로잡은 후
내 등에 쏟았던 정액을 닦아내고
간지러워하며 내가 팬티를 추켜올리려는 순간
초인종을 누르지도 않고 남자 친구가 들어왔던 것이다
나의 새어머니가 내게 고분고분해질 즈음
딸을 내놔라 소리치며 죽었던 엄마가
살아 돌아왔던 식이다
이렇게 동시에 진행되는 일들은
가령 우산을 접을 것인가 세울 것인가

눈이 먼저냐 빗방울이 먼저냐 식의
사소한 번민 속으로 나를 데려간다
나는 도시의 우울한 군중 속으로 간다
헤드폰을 꺼내 귀마개 용도로 끼운 채

크라잉게임

나를 넘긴다
공의 각도가 더 깊어지고 넓어지기 전에
재빨리 받아쳐야 하는 테니스 선수처럼

나는 나를 지탱할 수 없다

나를 받아넘긴다
카메라 뒤로 돌아와 슬그머니 자신을 만난 배우처럼
서먹하거나 당혹스럽거나
혹은 충만함을 견딜 수 없을 때

나는 나를 받아치고
숨 가쁘게 떠나보내며
나를 그리워한다
두려움에 떨며 나를 기다린다

쓸쓸하고 차디찬 공원에서
난폭하게 나눈 사랑의 행위는?

나에게 끌려다니고 싶은 거니?

나는 방종을 선택하였다

나는 내 시선에서 꺾여 멀리 커브를 돌고
내 앵글을 벗어나
나를 조준할 수 있는 각도와 범위로부터 최대한
멀리

아케이드

1

아버지를 숨 쉬게 할 명분이 필요하다

2

가족을 마주 대하는 악몽
시월엔 또다시 발작을 겪었다

아내와 헤어지자 그는 자유로워졌다
부친이 죽자 해방감을 느꼈고 모친이 죽자 가족으로부터 완전히 자유로워졌다
발터 벤야민은 이렇게 적는다
이제야 멋진, 새로운 삶이 시작되었군

그는 다시 글을 썼고 전화를 했고 사람을 만났다

3

　살래? 말래?
　양쪽으로 늘어선 상점들은 배척하며 몰려 있다
　나는 이 더러운 아케이드를 걸어야 목적지로 갈 수 있다
　배곯아 죽는 시늉을 하며 접근하는 늙은이가
　손 내밀기 전에 저리 꺼져, 난 동전을 던져버린다
　푹 꺼진 뺨에 튀어나온 광대뼈
　함몰과 돌출이 동시에 비치는 내 얼굴에 질겁한다
　비틀거리며 걸어가는군
　괴상하게 움찔거리며 혼잣말로 중얼거리는 이 꼴 좀 보게
　이제 난 나를 훤히 볼 수 있으므로 한계에 이른 것이다

　나는 글쓰기를 멈추고 싶다

4

 호흡기를 떼기로 한 새벽의 결정을 지금 나는 보류한다
 이미 1930년 벤야민이 맛본 기분을 재탕하는 건 내 윤리가 아니다
 이것은 명분인가
 그러나 나는 명분 있는 인간을 얼마나 혐오하는가
 꿈틀대는 암은 아버지라는 자식을 완성시키려 한다
 나는 그로부터 사랑받지 않을 권리를 충분히 누렸으므로
 그가 죽더라도 해방감이 주는 멋진 새로운 삶을 누릴 자신이 없다
 제길, 이것이 아버지를 숨 쉬게 할 명분인가
 광기 없는 궤변 그러나
 결정한 후에 오는 이 완벽한 혼란은 무엇인가
 오늘 나는 무슨 말을 하는가

왜 나는 닥치는 대로 쓰고, 써지는 대로 살아갈 수 없는가

숲

1

저녁 산을 오른다 땔감 주워오면 거실을 덥혀줄게 아빠와 난 이 산장에 묵을 것이다 하룻밤 세상에서 가장 긴, 참나무를 고른다 벽난로에 넣을, 벌목꾼들 지나간 산 중턱 여기저기 베어진 나무가 쌓여 있다 거칠고 길어 혼자 나를 수 없는 나 나무 더미에 포개져 있다 작은 가지 하나 잘라온다 팔다리가 없어요 아빠가 그걸로 숯대를 만들었다가 아궁이에 던져 넣는다

2

개울물 따라 걷는다 꽃은 나를 보려고 핀다 너무 짙은 초록 물 흐르는 비탈길로 들어간다 거뭇하게 초록 얼음 떠내려오는 계곡물을 따라간다 청바지 입은 애가 날 따라온다 한눈에 봐도 모자라는 애 뜨듯한 초록 물의 발생지 자라 엑기스 만드는 농장 앞에서

멈춘다 한순간 함께 즙, 즙 하며 모자라는 애는 자기 아랫도리를 문질러 흰 거품을 만들어 보여준다 나도 내 것이 흘러나오는 데를 만져보게 한다 더 아래쪽에 있어 즙, 세상에서 가장 따뜻한, 초록 얼음판 위에 눕는다 아래로 아래로 산꼭대기 내려와 잔잔하게 주름 지고 금 가는 것을 본다

3

이런 폭풍우에는 흔들리는 나무가 없다 떨어지는 이파리도 그루터기도 없다 세상에서 가장 작고 사소했던 숲, 나는 숲을 뒤지는 벌목공, 전기톱을 들고 미친 듯 목재도 재목도 되지 않는 나무들까지 모조리 벴다 나를 태워 나를 데운다 페치카 속 불꽃을 오래 들여다보다 그 안으로 들어가고 싶었던 자라도 거북도 모르고 자라지도 않았던 자꾸만 모자라고 싶은 아이가 텅 빈 숲에 혼자 남았다

이상한 모국어

 사촌이 왔다.
 어느 날 갑자기 사촌이 시골에 있는 나의 집으로 왔다.
 어느 날 갑자기 사촌은 꼬불꼬불한 산길과 언덕이며 골목을 지나 돌계단을 내려와 작은 나무 문을 두드렸다.
 어느 날 갑자기 저녁 무렵 문을 두드린 사촌은 오촌일 수도 있고 팔촌일 수도 있다.
 나는 망상이 아닐까 생각한다.
 어느 날 갑자기 찾아온 사촌은 칼에 찔린 사람처럼 자동차 사고가 있었거나 집단 강간을 당해 만신창이 된 사람처럼 문 앞에서 풀썩 쓰려졌다.
 나는 사촌을 문 안으로 끌어당기고 커다란 갈색 가방을 안으로 옮기고 문을 닫는다.
 바깥세상이 사라진다.
 정종을 데워서 사촌에게 준다.
 사촌의 검정 외투는 둥글게 부풀어 있고 양말에 악취가 심하다.

사촌은 일상이 감옥 같고 세계가 커다란 재판소 같아서 살 수 없다고 말한다.

혀가 꼬이는 이상한 모국어로,

사촌은 오래전에도 이 말을 했다.

우리가 비틀스의「노란 잠수함」을 마지막으로 롤링 스톤스의 믹 재거 쪽으로 기울던 즈음에 사촌은 멀리 떠났다.

지난여름 나는 사촌을 만나러 맨해튼에 갔다. 사촌의 엄마가 알려준 주소지로 찾아갔으나 아무도 그런 유학생을 본 적 없다고 해서 나는 며칠 동안 말똥 냄새가 가득한 공원을 배회하다 되돌아왔다.

사촌은 숲 속에서 고양이를 찾아냈을 때처럼 자신의 까맣고 긴 외투 속에서 뭔가를 꺼낸다.

아기다, 초록색 눈동자를 가진 애다.

사촌은 내 침대에 들어가 잠든다.

어느 날 갑자기 찾아온 사촌이 자신의 뺨을 쓰다듬으며 조용히 잠을 잔다.

나는 초록 눈동자에 흰 뺨을 가진 갓난애를 업는

다. 흘러내리는 애를 담요로 둘둘 말다시피 하고 밖으로 나온다.

이런, 바람이 차갑구나. 첫눈이 올지도 몰라.

나는 재빨리 정원을 지나 돌계단을 올라가 골목으로 들어선다.

거리에는 거무스레한 바람이 불어대고 스쳐 가는 사람들은 내 귓속에 비밀스러운 조롱과 비방의 소곤거림을 채워 넣는다.

땀이 흐른다.

나는 흙탕물을 피해 걷다가 자질구레한 물건을 파는 변두리 가게의 문을 열고 들어간다.

종이 기저귀와 우유 한 통을 꺼내 들고 카운터에 섰다.

아무리 두리번거려도 주인이 종업원이 보이지 않는다. 심지어 아무도 없다.

무슨 냄새지?

이 화끈한 열기는?

오토바이 헬멧처럼 작고 동그란 난로가 내 발꿈치

뒤쪽에 놓여 있다. 불길이 등 뒤로 둘둘 말고 있는 담요로 옮겨 붙고 있다.

　나는 비명을 지르며 밖으로 뛰어나간다.

　꽉 닫힌 세계다.

　어느 날 갑자기 나는 누군가의 등을 치며 바동거리며 운다.

　첫눈이 내릴 뿐 거리에는 아무도 없다.

제3부

나는 스물한 살이었다

　치즈 하면 치즈 하던 소녀
　파괴된 건물 모퉁이, 햇살에 지글거리는 흙바닥 위에 맨발로
　빠진 이 드러내고 웃던

　원 달러, 원 달러 따라다녔지

　나는 그 애를 세워두고 셔터 누르고
　나는 그 애와 그 애의 동생을 세워두고 셔터 누르고
　나는 그 애와 그 애의 동생과 친구들을 세워두고 셔터 누르고

　그러니까 난 손가락 끝 하나 까닥했다는 말씀
　그러니까 전혀 가담하지 않았다는 얘기

　재빨리 난 기차를 탔어
　소녀의 얼굴에서 치즈가 굳기 전에
　쥐들이 치즈를 갉아 먹기 전에

하지만 머잖아 봄
흐르는 젖을 들통 가장자리에 받치고 담배를 피우겠지
유방이 과실처럼 썩는 대신 벌레들을 얻었다고 생각하게 될 거야

몇 장 건진 사진을 보네

풀과 탱크 사이에
무너져 내리는 사원의 담벼락 앞에
구걸하는 아이들과 함께
넌 웃고 있네

손으로 짠 흰 모자를 쓰고 있겠지
더러운 팔찌를 끼고 있을 거야
원 달러 받고 엽서를 팔든 원 달러짜리 촛불을 팔든 원 달러짜리 물을 팔든

미소를 팔든 몸을 팔든
지나간 일이니까

그 이상은 알지 못하네
난 아무것도 모르지

응답

예
써요
쓴다니까요
발로
피로 피로를
피와 땀으로 불쏘시개를
소시지 좀 굽고요
예예?
다시 쓸게요
복면을 쓸게요
까만 봉지로 갓난애를
탯줄을
혀로 혀로 혀로
히어로
난 피투성이
최고로 명 짧은 히로인
허파로 풍선을 탈게요
춤으로 춤으로 번개를 칠게요

침으로 연발총을
예이예이예
군함으로 티켓을
오토바이를 타고 오바이트를 날리며
오토바이를 팔아 기타를
갓난아이로 우유와 콩을
아빠를 팔아 껌을
춤추는 혀로
혀를
헤로인을
오늘 밤도 바쁘고
난 불쏘시개
달빛 아래 행 파이어
먹에 핏물이 넘칠 때까지
예예예이예

성으로 가는 길

 새를 봤다고? 새장 말고 광장 말고 널 따라 휙휙 날아다니는 새를 잔뜩 흐린 날 북쪽의 성채를 바라보며 밀레나에게 편지를 쓰고 있을 때 휙 창으로 들어온 새가 미쳐 날뛰다 푸른 항아리를 깨고 벽에 걸려 있는 아버지 사진 위에 앉아 관찰하려는 듯 날 쳐다볼 때 나가라 나가 팔을 휘저을 때 부르짖을 때 이 저녁은 공포는 어디서 왔나 저 부리와 징그러운 발과 찢어져 날리는 깃털과 먼지는 어디서 왔나

 난 납작 엎드려 정원으로 나온다 내 방에 새가 들어왔어 빨리 가서 죽여 병사는 자기 업무로 너무 바쁘다고 말한다 내 책상에 똥을 쌌을지 몰라 잉크병을 엎질렀을 거야 새는 무슨 새 말이니? 너무 가까이 있어서 몰라 그 녹색 앵무새는 네가 죽였잖아 난 울면서 안아달라고 부탁한다 키스해줘 그가 꽁초를 주워서 피운다 엄청 취한 게 분명해 내 입 냄새 때문인지 납작한 가슴 때문인지 소문대로 진짜 이성애자인지 제기랄 소심하고 비겁한 녀석은 다리가 곧 끊어질 것처럼 도망쳐버린다 정원의 녹슨 다리 난 이 다리를

수백 번 폭파했고 다리 아래로 숱하게 사람들을 밀쳤다 맹목적인 아카시아 꽃 냄새 하지만 다리는 또 녹슨 채 녹슬어가고 다리 아래 골짜기로 추락했던 사람 몇몇은 언제나 내 다리를 쥐고 기어올라온다

오 밀레나 넌 왜 안 올라오는 거야 사라지면 사랑할 줄 알았어? 깃털 아래 더러운 발목을 부서진 부리를 한 번도 날아본 적 없는 추잡스러운 색깔의 날개를 보여달란 말야

성벽에 기대 글을 쓴다 쓰는 일이 유일한 탈출이라고 믿는 초심자처럼 재작년에 「성으로 가는 길」이라는 제목의 글을 쓰다 말았다 작년에도 나는 「성으로 가는 길」이라는 제목으로 글을 썼다 그것을 스웨덴 조류협회 사보에 발표했다 지면에서 다시 읽게 되었을 때 울지 않을 수 없었다 정말 더럽게 못 쓴 시였다 한 그룹의 인간들한테 왕따와 괴롭힘 당하고 끌려온 사건을 늘 그랬지만 새삼스레 쓴 게 잘못이었다 그들을 용서하려고 쓴 게 잘못이었다 맹목적으로 썼어야 했다 난 화가 났고 울었고 거의 언제나 나는 화가 나

있거나 울고 싶은 심정이다 그래서 내 시는 불쾌하겠지만 이렇게 글을 쓰는 동안 시간이 없기 때문에 나는 복수를 유보하고 살인을 포기한다

내가 「성으로 가는 길」이라는 시 제목에 집착하는 건 독문학을 전공하던 시절 카프카의 원서 강독에 골탕을 먹었거나 지금은 그나마 독해 실력도 깡그리 사라져 다시 그렇게 읽을 수 없기 때문일 것이다 집착이나 중독의 문제를 생각할 때마다 이렇게 자신을 속이게 된다 나쁜 버릇이라고 생각하지 않는다 나는 때때로 오늘이 지나면 재작년이 된다고 믿는다

여기 오던 날 문지기한테 표를 주었고 그는 그 표를 반으로 찢어 그림이 있는 초록색 부분을 나에게 되돌려주지 않았다 제기랄 영구차에서 아버지가 날 불렀다 돌로 쌓은 성벽 그 너머 보이는 강과 마을 도롱뇽이 우글거리는 샘 산책하기엔 날씨가 너무 더웠다 그늘에 앉아 도시락을 열었는데 장갑 한 짝이 나왔다 무릎에 종이를 놓고 글씨를 썼다 독일어 교본이었다 갑자기 쇠로 만든 동상이 그 거대한 몸뚱이가

꼬꾸라져서 난 꽉 붙들고 있어야만 했다 비둘기도 쫓아야 했고 전화기는 없는데 벨이 계속 울렸다

  안개와 첨탑과 장벽이 둘러쳐진 컴컴한 들판에서 난 목을 빼고 강을 내려다본다 새들은 날아간다 그냥 제가 알아서 어쩔 수 없으니까 내 방의 새는 거대한 동상이 되어 나를 덮치려고 기다릴 것이다 나를 둘러싼 것들이 내 주검을 기다린다 자질구레하게 모아둔 티켓 박스에는 죽은 새와 마른 꽃잎만 수북하고 내가 여기 있다는 흔적이 없다 유원지 유령의 성에도 간적 없다는 거다 나는 거의 화가 나 있거나 슬픔에 잠긴다 쓰면서 포기한다 언젠가 밀레나와 함께 이 성을 빠져나가면「성으로 가는 길」을 세밀한 약도처럼 쓸 수 있을 것이다

전람회, 동피랑, 골목

1

수요일 오후엔 거기에 가지
남아도는 시간이라
그저 멍하니

어시장 지나 야트막한 산으로 가면 그저 그런 노인들이 사는 동네가 있어 먼 바다가 보이지 멍하니 입 벌리고 혼잣말하고 다물고 털고 일어서면 먼 세계의 바닥을 걷는 기분이 들어

수요일 오후엔 거기에 가지 두 시간 남짓 달려 세 개의 터널을 지나 그 작은 도시에 도착하네 공공기관에서 시간제 근무를 하며 오전을 보내지 선창가에서 생선 토막이 나오는 백반을 먹고 나는 구불구불 산동네 골목을 올라가지

어느 날 한 노인이 자기 방으로 나를 불렀어 술친

구나 하자 했어 그는 아팠지 칠이 벗겨져 축축한 화장실 문 아래쪽 모서리에서 자라고 있는 흰 버섯을 따서 나한테 먹어보랬지 난 그저 멍하니 입 벌리고 넣어주는 걸 씹고 우물우물 삼키고 털고 일어났어 먼 세계 바닥을 걷는 기분이 들었어 어지러워서 그늘로 그늘로 갔어

  여남은 번 갔을까 더는 아니야 계약 기간을 연장할 수 있을까요 우물쭈물 담당 공무원에게 묻기를 그만둔 날 이후 나는 파도 소리와 그 방 찬장 위 낡은 시계 소리를 듣지 않았지

    2

  수요일 오후에 여기에 왔어
  시간이 흘렀고 난 이제 멍하지 않네 날로 깊어지고 나날이 무르익는, 음, ……진실로 진실로, 진실은 사

라졌고…… 바닥없는 먼 세계로 하강하는 중에……

 골목 어귀부터 많이 달라졌어 성의 없이 지은 영화 세트장 같아

 이런저런 화가들이 벽에 그림을 그려놓아 관광지가 된 골목 그리하여 재개발 폭풍을 모면했다는데 함께 온 사람들과 소주를 마시다가 말없이 먼 바다를 바라보는 벼랑

 동화처럼 따뜻한 벽화에 기대어 웃고 떠들며 사진 찍는 사람들 수도 없이 담 너머 집 안을 기웃거리는 사람들 궁색한 살림살이 웃통 벗은 장면까지 노출되는 낮잠을 방해받는 조건으로 어떤 노인은 밥을 끓이네

 온종일 소음 속에 개방되는 유원지 같아 원숭이에게 하듯 어떤 이는 담장 너머 과자며 사탕 봉지를 흔

들다 노인에게 던져주네

3

 밑바닥이 퉁퉁 불은 문을 가리켰지 문턱에 서서 축축하고 께름칙하고 달짝지근한 버섯을 따주던 노인은 보이지 않네 문들은 열려 있지만 안은 어둡고 허물어져가는 벽엔 벽화만 끝없이 화려하고

 누군가 그가 간 곳이 어딘지 가르쳐주면 좋겠어
 밀물 때라면, 수요일 오후라면, 다시 온다면, 아, 이 저녁 달빛 출렁이며 빛나는 파도 말고 그 뒤, 그 아래, 조용하고 미지근하고 빛이 들지 않아 아주 어두컴컴한 곳

 아아, 벌린 입속의 음지에서 이상하게 축축한 께름칙하고 달짝지근한 말이 자라는 것 같아

종업원

저 사람이에요
안 보여요?
저기 길가에서 행인들 팔 잡는 거 안 보여요?
지나는 차 창문에 대고 뭐라 뭐라는 거 안 보여요?
줄줄이 늘어선 장어 식당 입구에
아니요, 저기 큰 데 말고 그 원조 장어 말고 그 옆의 옆집이요
그래요, 저 구질구질한 가게 앞에서 호객하는 여자요
머리칼을 말 꼬리처럼 요동치는 장어처럼 묶은 얼굴이 길쭉한
저 여자 말이에요
흘낏 이쪽으로 보잖아요
인상이 별로죠?
안색도 나빠요
보세요, 손님도 없잖아요
들어가려던 사람들도 주춤주춤 다른 데로 가잖아요
손님은 안 받고 강물이나 보네요 누굴 기다리는지

혼자 실실 웃네요

저 여자, 어제도, 한 달 전에도, 14년 전 봄, 내가 처음 이 고장에 내려 어리둥절할 때도 저기 있었어요 구름이 퍼져가는 강물을 보다가 저 여자가 내게 물었죠 장어국은 맛있었는지, 얼마나 싱싱한 물건을 쓰는지 아냐며 펄떡거리는 장어 대가리를 쥐고 대못에 꽂는 흉내를 냈죠 나도 팔을 비틀며 웃었어요 이 촌구석엔 뭐하러 왔는지, 어디서 일할 건지, 언제 돌아갈 건지, 여기서 일해볼 생각은 없냐고도 물었죠 난 곧 떠날 거라며 웃지 않고 대답했죠 또 뭐랬더라? 사실 돈도 안 되고 손님들은 짓궂으며 길에 매연은 또 어떻고 주인 성질은 얼마나 더러운지 투덜거렸죠 진짜로 자기는 자신이 왜 이 일을 하고 있는지 모르겠다며 며칠 내로 때려치울 거라고 했죠

그런데 당신,
검은 옷의 사내여

여기 왜 왔나요?
누가 시켜서 날 사랑하나요

오늘도

마감일은 지났고
쿠폰 사용 기간도 넘겼고 케이크도 상했고
미련스레 기다리던 사람도 욕을 하며 떠났다
아버지도 죽었다
이런 말은 하지 않는 편이 낫다

안절부절못하는 사이
아랫배는 아프고
생리는 안 터지고
달걀은 프라이가 되거나 치킨이 되고
인간도 아닌 것이거나 인간 이상이거나 다 인간이고
하지 않는 편이 나았을 많은 소리를 지껄였고
검은 코트는 다섯 벌이나 되고

갔으면 갔다가 돌아왔을 시간 동안
잤으면 수만 가지 꿈에 빠졌다가
일어나 밥 먹고 물 마시고 다시 수백 명하고 잤을 동안

죽었으면 물통이 되었을 시간

갈까 말까 머뭇거리는 동안
할까 말까 망설이는 동안

어제는 등기우편을 찾으러 갔다
집으로 두 번 방문했다가 사람이 없어서 우체국에서 보관하고 있다나 뭐라나
아는 시인이 보낸 청첩장이었는데 결혼식 날짜는 그저께였다

이런 내 인생
한심한 돌멩이
공기에 삭는다
자살도 살인도 용서도 사랑도 포기도 체념도
또 뭐 있더라
이 터무니없는 관념적인 단어들은
미루고 미루고 또 미루고

그러는 사이
저절로 비가 오고 눈도 오고 바람도 불고

마지막 연인

 누가 이 침대를 사가겠지 이게 제일 비싼 가구지 눈물은 문제가 되지 않겠지 마지막 입술 달싹이는 소리 못 듣겠지 나 혼자 더 이상 서두르지 않겠지 읍내까지 약 사러 식료품 사러 달려가지 않겠지 옷 가게 유리창에 붙어 서지 않겠지 신발 안에 새똥이 문제되지 않겠지 까마귀치곤 안 까만 까마귀들이 몰려들어도 쫓을 사람 없겠지 마당 가득 잡초들이 우거지겠지 네가 내 아빠보다 나이 많은 게 문제되지 않겠지 네 말에 난 죽겠지 내 약에 넌 죽겠지 누가 먼저 죽을까 봐 죄의식 가질 리 없고 여기 요양지에서 죽는다 해도 방을 따로 쓰지 않아 밤낮 떨어지지 말고 산책로든 물 뜨러 가는 길이든 내가 끌리는 데로 너도 갈 거지 타자기랑 책상은 같이 쓰고 트렁크는 옷장 위에 창문 아래까지만 상자를 포개놓을게 배달 기사가 곁눈질하며 돌아가고 우주에서 우리 둘뿐 널 사랑해 죽을 때까지 파산한다 해도 지금은 머리칼 흐트러뜨린 채 돛보다 넓은 치마를 걷어 올린다 배 가운데 온몸을 실어봐 다시 해봐 발바닥을 간질이는 물결이여 그러나 침대 모서리에서 모서리까지 부딪칠 뿐 흘러가지 않는 배가 무슨 소용이람 어떻게 좀 해봐 아무래도 양쪽 책장이 무거운 거야 책 따윈 저리 치워 창턱에 빼곡한 화분들도 밖으로 밀어버린다 널 태워도 날지 않는 꺼지지도 않는 매트리스가 무슨 소용이람 좀 더 미치게 해줘 폭죽 터지는 지옥으로 날 데려가줘 오 당신 맙소사 사랑해 미치도록 사랑하지만 어떻게 매일 사랑하니 당신은 엉엉 울어대다 태연해지지 뻔뻔스러운 데다 요구까지 많아 너무 사치스러워 이렇게 큰 침대를 사들여놓다니 매달려 흔들리는 거울 속 깨끗이 면도한 명상가의 얼굴은 후벼 판 듯 움푹하다 산골짜기에서 받아온 물을 따라놓고 난 너에게 약을 삼키게 한다 맹렬히 날 소모시켜야 나는 조금 연장된다 방을 다 차지한 이 침대에서 나는 죽어가길 바랄 뿐 네 소원대로 넌 소박한 풀덤불에 둘러싸이겠지 아껴 사랑하자고 날 설득할 필요 없겠지 결코 삐걱거리지 않겠지 나라면 부업을 접고 남은 돈을 쓰겠지 다른 침대를 들여놓을지도 모르지 어둡고 커다란 방에는 조금씩 아무 냄새도 나지 않겠지

스침

가스 불에 김을 구우며

오늘 나를 스쳐 간 사람들을 떠올린다

버스 옆자리에서 내릴 때까지 통화하던 외판원
나는 그의 직업과 실적까지 알아버렸다

드라이어로 음모를 말리던 목욕탕 여자

내 소포를 밀쳐놓고 잡담하던 우체국 직원
그는 내가 테이블에 낙서하는 것을 보지 못했다

복도 바닥에 붙은 껌을 떼던 청소부
나는 그 앞을 지나갔다

오늘 나는 중요하지 않은 일들로 몹시 바빴고
끼니를 챙기지 못했다

가스 불에 마른 김을 구우며
열 장도 넘게 태워가며
내 심장의 불이 내 손등을 태우는 것을 본다

불에 스치는 마른 김처럼
나는 한복판이 뚫려 이렇게 부엌에 풀썩 주저앉는다

제자리뛰기

욕도 자꾸 하면 늘고 노래도 자꾸 부르면 는다는데
아 씨발, 이놈의 뜀박질은 도약도 모르고 심연도 없으므로
뛰는 횟수를 줄이고 한참 쉬었다가
몸을 가볍게
버릴 건 버리고 태울 건 다 태웠다

나무도 발작하면 꽃을 피우는데
나도 뒷길로 뛰어가서 개지랄을 떨었다
뭐 하는 짓들이야
안전모 쓴 놈들한테 굴삭기를 걷어차며
동네 아주머니는 나를 말렸다
길 확장 공사하면 집값이 껑충 오를 거라고 했다
이 굉음은 하루 종일, 글 쓰려는 지금도 내 머리통을 깨부순다

밤이 되어 슬금슬금 밖으로 기어 나왔다
꽃나무들이 뒤엎어져 있고 길바닥은 수백 개의 구

멍으로 가득하다
　굴착기가 뚫어놓은 균일한 크기와 간격의 구멍들을 만진다
　슬쩍 손가락을 넣어보자 꽉 물고 놓아주지 않는다
　게들이 사는 자욱한 갯벌도 아닌 것이
　나는 야산으로 통하는 산책로를 잃었고 은밀한 시간을 버렸다

　씨발, 좆도 아닌 게, 욕은 늘었고 술도 세지고 어느새 노래방 점수도 높아졌는데
　쾅쾅 굴려봤자 홈 하나 어쩌지 못하는
　내 이 노련한 뜀박질이여
　쑤셔 넣은 가방과 가구와 사람들로 북적이는 내 구멍이여
　죽음의 입구여

　준비운동과 반복, 대충해서는 안 된다는 마무리까지
　남들이 권장하는 단계를 거칠수록 처음보다 나아진

게 없는 것 같다
  심야에 책상 모서리에서 몸을 푼다
  헛, 두울, 뛰는 게 무섭다
  아 씨발, 이게 뭐야, 손발이 엉겨 붙어 떨어지지 않는다

슬럼프

축시를 부탁받았을 때
내 상황은 좋지 않았다

당시에 나는 앉은 채 잠들곤 했다
그 도시 역 근처 벤치에서
그 낯선 도시의 터미널 근처에서
어두운 거리에 첫차가 닿을 때까지

당시에 나는 깊이 잠들지 못했고
지금도 나는 깊이 잠들지 못한다
가로등 옆 알루미늄 표지판이 흔들리며 반사시키는 광선에
구토가 치밀어 오른다
요양소에 있는 아버지한테서 자꾸 전화가 왔다

내 친구의 두번째 결혼식에서
다음번에는 시를 낭송하겠다고 말했을 때
진심으로 난 그렇게 되리라 믿었다

아버지가 있는 요양소에서 자꾸 전화가 왔다
나는 전화를 끊었다
나는 전화를 걸어 내가 왜 그래야 하냐고 물었다

요양소 담 모퉁이에 기대 요양을 생각했다 등 미는 기계에 등을 문지르듯이 저쪽 벽돌 벽에 사다리가 있다 창고가 헐리고 담쟁이가 말라 죽자 모습을 드러낸 사다리 오래전부터 있었던 저쪽

이 상태가 죽을 때까지 지속될 겁니다 각오하세요 보건의가 창문턱 보라 달리아를 보며 기진했다 나는 슬럼프에서 나오기가 싫었다

아버지는 낚시 의자에 앉아 있고
나는 아버지 의자에 앉아 있다
우리는 마주 보고
트럼프 카드를 친다

아버지가 한 장을 넘기자

바람이 연이어 넘어진다
저쪽에서 여기로

등단 7년

뚝 끊겠으면
내 손에서 떠난 내가 새처럼 떨어졌으면
시의 사각지대로 쫓겨나 노다지 시를 쪼고 싶었지
그런 때도 있었어

시, 그런 건 갈수록 몰라
헌사와 찬미, 무엇에게 뭘 바쳐
슬픔에게 삥 뜯어 당신에게 기부할까
웩 당신이라니
푸닥거리, 뭘 세워야 한다면 좆

약간 달렸었어 숨이 차더라
줄을 쥐고 슬금슬금 옆으로 걸었지
얼음 절벽 기둥에 해먹을 걸고
오라, 극한이여 더 참을 수 없는 한계 상황이여
꽤 절박한 척 소리쳤지만, 양말이 필요해
동정은 싫어 등정도 지랄, 애당초 깃발은 없었어

카퍼레이드에 무임승차하겠지
운이 좋다면 내 옆모습이 카메라에 찍힐 거야
훌쩍이는 군중 기뻐하는 동료 들의 환호 속에서
묘지에 사형대에 가까워질수록 쾌감에 빠질지 몰라
그 기분을 고조시키기 위해 약간 절제하고 돌아가는 센스
아, 그러나 이것은 얼마나 무리한 해피 엔드인가
과대망상이 대패 삼겹살에 눌어붙었기 때문이야

너와 진하게 붙었던 적이 언제였나
가진 것 다 내놔, 불운이 날 회 치든 유린하든 놔뒀어야 했어
지금 순간에 끝나도 좋아, 그렇게 개긴 적이 있었나
쓰다 쓰기 싫으면 그만두지 뭐, 놀아나던 날들이
의미심장, 그런 건 나 몰라 자빠지던 날들이 그리워

사진 찍어대느라 풍경을 놓쳤어, 뭘 쓴다고 망쳤듯이

책상에 이빨을 박고 내려오느니 죽겠다고 발버둥 쳤나
사랑은 이런 거야 열렬히 신조를 지키느라
삽입이 안 되었지 삶에도 죽음에도 헛발질만 했어

만약 내가 너였다 해도 그랬을 거야
이 목소리는 유일한 내 친구, 같게
내가 같게, 걸어가는데 끌려가는 것 같네, 난 미쳤고
내 손이 미치지 않은 곳에 그 앨 너무 오래 세워뒀나 봐
10년이 다 돼가네, 징그러운 깜냥 알아보기도 어려워
넌 썩은 입을 열고 나에게 지껄이네

안녕, 슬펐지만 눈물이 흘렀어
노력했음에도 불구하고 성공했잖아
이 애가 이상하게 이어 붙인, 사형대 수리는 끝나가네

내가 끌고 온 줄을 받아서 당겨보네 여기 걸어줄까
받침대를 밀어줄까
우린 잠깐 껴안겠지, 곧 졸릴 거야
그물 침대에 걸린 새 모가지처럼
묘지 안에 가득한 화환처럼

저물녘 조언

나는 거지
아니다
교정을 배회하는 프티부르주아
아니다
나는 인간, 아니다
지금은 알고 싶지 않다

가방 하나 칼 한 자루
어제는 인문관 근처에서
오늘은 학군단 컨테이너 뒤에서 쑥을 캤다

때때로 버찌도 따고 모과나무 열매를 향해 돌을 던진다
그러다가 새들을 날려 보낸다

몇 해 전 글 잘 쓰던 소설가가 부임해왔지만 그는 곧 교수 자리에 안착해 소설 따윈 잊어버렸다
백내장으로 눈먼 언어학 교수는 식후에

여학생 둘의 팔짱을 끼고 매일 운동장을 세 바퀴 돈다

나는 내 시를 혐오하는 동료들과 장난을 치고
자기 시간을 빼앗았다고 내게 누명을 씌운 선배 강사와 농담을 한다

나는 일주일에 예닐곱 시간 단순노동을 하고
시간제로 임시직으로 조합도 정년도 없이 살게 될 것이다
제도에 반항하는 척
난 얽매이지 않아 자유로워 스스로를 위무한다

다단계냐 주유소 아르바이트냐 이게 문제예요
취직자리를 부탁하는 네 눈을 바라보며
나는 캘리포니아 건포도로 내 힘을 도왔고
네 슬픔의 자리를 경배했을 뿐
우리는 짧은 인사를 위해 느린 노래를 들었다

새들이 벌건 하늘을 저리 날아다니는 건 둥지가 어
지러워 저러는 건 아닐 텐데

　나는 프티부르주아 새끼들과 연합하여 문학
　아니다
　문학 비슷한 걸로 심포지엄
　아니다, 말도 안 되는 헛소릴 지껄였다
　확실한 건 늙은 개털들에게 대가리를 주억거리는
개년이 되었다는 거다
　그러니 내게 물어보지 마라
　졸업해서 뭐합니까?
　내가 왜 그래야 합니까?
　꼭 이렇게 살아야 할까요?

여자가 여자를 사랑할 때

퍼스트 키스

 잠깐이었지만, 살짝 깨문 것 같은 발간 입술이 내 입술에 닿았다. 우리는 흰 천을 씌운 소파에 앉아 있었고 그날은 그 애의 열여섯번째 생일이었다. 가정부가 가져온 정통 엔초비 피자라는 걸 씹으며 콜라를 마신 후였다. 어느 날 친구들과 발야구를 하고 계단을 올라가는데 그 애가 주전자를 받아주며 생일카드를 내밀었다. 제발 와달라고 말했다. 전학 온 지 얼마 안 된 데다 도도해 보이는 인상에, 수입 차를 타고 등교하는 애였다. 난 좀 성가셨지만 왕따를 위로하는 차원에서 그러겠다고 했다. 집을 찾아가보니 어이없게도, 나만 달랑 초대한 거였고, 처음 보는 음식들을 잔뜩 차려놓은 채 하얀 레이스 원피스를 입고 있었다. 부모님은 외국 여행을 가셨다나 뭐라나.
 이후로 난 그 애와 눈도 안 마주쳤다. 내 주변엔 이상하게 친구하자는 애들이 많았는데 졸업 이후 알고 보니 169센티미터 키에 꽃미남 스타일의 내가 공을 차고 있을 때면 교실 난간에 애들이 빽빽이 매달려 있었다고 했다. 난 내 자질을 더 개발했어야 했다. 공격력을 갖춰 페넌트레이스에 도전하거나 몸으로 때우는 일을 했다면 잘했을 것이다. 어쭙잖게 글을 쓰다니. 빠른 발로 도루를 해서 그 운동장, 홈으로 돌아간다면 양팔 벌려 그 애를 안을 것이다. 가만히 앉아 희게 말라가던 그 소녀의 의자를 자빠뜨리고 입술과 목, 허벅지에 키스를 퍼부을 것이다.

그녀는 눈물을 그쳤을까?

대학 시절 처음 한 아르바이트는 과외 교사 일이었다. 아는 선생의 친척 딸에게 격주로 토요일 저녁부터 자정 무렵까지 언어 영역을 가르쳤다. 그 친구는 학교 이과 반 전체에서 공부를 아주 잘하는 학생이었다. 별로 가르칠 게 없었다. "선생님! 왜 울어요?" 난 재수 없는 눈병 때문일 거라고 대답했다. 순간 안

대를 올리더니 손가락으로 내 눈을 쓱쓱 문질렀다. 그러곤 그 손가락을 조심스레 제 눈동자에 갖다 댔다. "눈병이 옮으면 학교에 안 갈 수 있겠죠?" D-day 105일이라는 영문과 숫자가 벽에 붙어 있었다.

  헐레벌떡 그 애 집으로 갔는데, 그 친구는 보이지 않았다. 부모들은 언짢은 표정으로 텔레비전을 보고 있었다. "늦어서 죄송합니다"라는 말을 마치기 전에, 쉭쉭 엘리베이터가 에스프레소 기계의 커피 빠지는 소리를 내더니 검은 액체처럼 스르르 그 친구가 들어왔다. "선생님! 왜 울어요? 오늘따라 왜들 울고 난리예요? 급식소 아줌마도 울고 야자 시간에 우리 반 애들 모두 울더니, 버스 정류소에 있던 사람들도 울고 있더라고요. 버스에서도 다들 울어대서 시끄러워 죽는 줄 알았네."

  그만 와도 좋다는 말씀과 함께 봉투를 받았다. 그 애 엄마가 직접 내가 사는 반지하 방에 찾아오셔서 주고 가셨다. 그 친군 입시를 포기하고 멀리 간다고 했다. 거기가 외국인지 병원인지 묻지 못했다. 난 그 친구를 석 달여 알아왔지만 걔를 잘 몰랐다. 단지 '이 푸'라는 이탈리아 대중 가수는 별로라고 말했고 틈틈이 열심히 공부하라는 쓸데없는 말만 했다. 내가 그 친구에게 내 속눈썹과 고름을 주지 않았다면 그 친구는 그런 눈동자로 세상을 보지 않았을지 모른다. 사람을 너무 깊숙이 보고 이해하려 들면 자기의 울음소리로 심신이 곪는다.

사진처럼 웃어봐

이 여자는 또 토한다. 변기를 부여잡고. 아 더러워. 오늘로 다섯번째 만나 온천동에서 온천을 했고 낙지볶음 전문점에서 낙지볶음을 먹었다. 공기밥을 시키며 난 말한다. "엄마는 나한테 한 번도 밥해준 적 없지. 알아요?" 여자의 들고 있던 숟가락이 달달 떨린다. "아니, 엄마라고 꼭 밥을 해줘야 한다는 말은 아냐. 그냥 그랬다고요. 낳아준 게 어딘데……" 내가 횡설수설하는 사이, 여자가 가방을 주섬주섬 챙긴다.
"야! 너, 고작 이거 사주고 어디서 생색이니? 나 참 더러워서, 지금 내가 먹은 거 다 뱉어낼 거다."

 여자는 같이 다니기 민망할 정도로 낡아버린 코트를 입고 갈색 구두를 신었다. 몇 해 전 처음 만나 지하철 입구에서 억지로 사 신긴 구두였다. 신발을 선물하면 도망간다는 속설을 모르던 때였다. 그녀가 나에 대해 어떻게 생각했는지 잘 모른다. 솔직히 그리워하긴 했는지도 알 수 없다. 틀림없는 건 날 참혹하게 다시 버릴 수 있는 사람이라는 거다. 내가 선생답지 못한 야한 화장을 한 채 술 담배 냄새를 풍기며 쓰러졌을 때, 그녀는 배신감에 활활 타는 눈으로 쌔려보다가 나를 길거리에 방치하고 멀어져갔다. "어이. 아줌마! 내가 뭘 잘못했는데, 날 버리는 거요?" 난 밤거리의 취객처럼 소리쳤지만 뒤도 안 돌아봤다. 처음 만나는 날이었는데, 꼬락서니 대충 정돈하고 가서 우아하고 지적인 느낌을 줬어야 했다.

 이 여자가 내 시집을 받아 쥐더니, 아무 말도 안 한

다. 무릎 위에 엎어놓는다. 어쩔 수 없이 눈에 들어오는 뒤표지 글을 훑는 것 같다. "오, 오 하나님!" 여자가 눈물을 흘린다. 제기랄, 지하철 안이라 대략 난감하다. 내 시는 여자가 가장 싫어하는 계열이다. 도대체 성스러운 게, 아름다운 게 뭔가? 시는 시다. 거두절미하고 엄마는 엄마다. 엄마의 생을 산다. 영도다리를 건너기 전에 여자가 내 손을 잡는다. 난 이 여자 사는 방도 모르고 옮긴 교회도 모르는데, 전화번호라도 바꿔버리면? 처음 맞잡은 손은 앙상하고 축축하다. 내 머릿속은 빈소가 된다. 이 여자는 사진처럼 웃는다. "그래, 수고했다. 좋은 시를 쓰려면 성경을 읽어야지. 그 책이 가장 좋은 시 텍스트란다. 널 위해 평생 밤낮으로 기도한다. 내가 할 수 있는 일은 그것밖에 없구나. 자주 연락하지 말고 ……" 흩어진 그녀의 가방엔 성경과 내 연락처가 적힌 편지가 있었다 한다.

딸 하나 전도 못 해 대단히 자존심을 다쳤던 무능한 전도사. 과민한 결벽증에 시달렸던 독거노인, 그녀가 내 첫번째 엄마다. 영원한 적수이자 연인, 기타 등등이다. 여고 시절 문예부장이었다던 그 말이 뻥이 아니라면, 그녀와 난 피를 나눈 블러드 시스터즈 2인 동인이다. 둘이며 하나다. 난 혼자 처참하게 시를 쓰는 게 아니었는데, 종종 잊어버린다. 돌대가리. 엄마한테 신을 사주는 게 아니었다. 엄마의 신이 날 구원하지 않아서 감사한다. 난 그녀가 웃을 수 있는 시를 쓰지 않았다. 앞으로도 쓸 수 없을 것 같다. 이런 자포자기 패배감의 총구가 이 밤도 나를 겨눈다. 탕탕, 내 몸은 더 많은 구멍을 원하고 그 안에 그녀가 있다.

세레나데

창가에서 노래하네

산동네 흰 연탄 옆에서 노래를 부르면 창문이 열리고 사탕이 떨어지는 시절이 있었지 싸우면서 여럿이 쪼개 먹었네 우습잖아 밤새도록 동네를 돌며 노래하던 그런 성탄절 전야가 있었다네 무의미하고도 재미있는 날이었어

하지만 창문은 밖에서 잠겼지 문은 없었어

창가에서 나는 노래하지
발가벗고 서서
어이, 진혼곡 아니 비명처럼 들렸다면 미안하다네
어찌 할 수 없는 상태
이후에는 뭐가 있는지 궁금하지 않나?
동에서 면으로 다시 읍으로
이후엔 뭐가 있는지 궁금하지 않나?
섬이겠나?

염병할, 노래라니
내 노래는 시비가 되고 내장탕 끓여 버리는 소리가 되고 다시 끓이는

한 번만 노래를 부르려고 했네 부르다가 말려고 했단 말일세 하지만 나는 입 벌리개에 걸린 입술을 다물 수 없네 줄을 서서 다리를 흔드는 깊은 밤 도로가 끝나는 곳 철창에서 부르는 나의 절창이 자네에게도 들리는가

삼월은 붉은 구렁을*

나는 이 구렁텅이가 싫지 않아요 삼월은 붉은 구렁을 흘러넘치게 하죠

아무리 많이 모여 있어도 넌 쉽게 눈에 띄어 그러나 아무도 우릴 구별 못 할걸

그래서 뭐

동생이 탕 안에 똥을 싸는 바람에 우린 쫓겨났어요 발가벗은 채 탈의실에 누워 눕자마자 배가 고파요 다시 면접과 위생 검사 등급 판정을 기다려야 해요 의사는 내 피를 한 번 태반 추출물을 세 번 뽑아갔어요 넌 죽지 않을 거야 더럽다고 태만하다고 때려죽이지 않을 거야 내가 구해줄게 동생이 날 달랩니다 잘 자 우리는 두 개의 캐비닛 안에 침상을 배정받았어요 오 제발 수용소로 격리 시설로 보내달라고 애걸했지만 시간은 호송 열차처럼 달리고 언제나 자격 미달 함량 초과 안전도가 미심쩍은 우리는 툴툴거립니다 꿀꿀댄

다고 하는데 오해 없기를 이건 불평이 아니라 타고난 발성 우리의 언어 전혀 외국말은 몰라요

　사람들은 불을 피우지만 우리를 위해서 불을 피우는 건 아니에요 게으르고 더러운 우리는 계속 게으르고 더럽고 싶습니다만 뜯어먹지 못해 안달이네요 정원이 넓은 저택에서 바비큐 파티가 한창이고요 난 병에 걸리고 싶어 땅을 파헤칩니다 지푸라기 부패해가는 얼굴의 검은 노래가 깊은 고랑 너머 저녁이 될 때까지

　진흙 구렁텅이 깊숙한 정원으로 가는 호송차를 탔지요 나는 고립된 마을 이상한 공기에 호감을 느껴요 이 붉은 구렁이 맘에 들어요 내 동생은 전염병에 걸리지 않았지만 세상에서 가장 예쁘지만 매몰된 지 한 달이 지났지만

　툴툴거리며 나는 산을 오릅니다 기분이 썩 좋다는

뜻이에요 도살장으로 이동하는 번거로움 없이 축사 옆 웅덩이로 최초로 사람들 구경꾼의 관심까지 받으며 비라도 쏟아지면 더 신날 거예요

나는 이 진흙 구덩이 안이 좋아요 똥을 싸도 괜찮아요 만날 따돌림받았는데 어쩌다 동반 자살도 시도했었는데 셀 수도 없이 한꺼번에 산 채로 토막 나고 뒤죽박죽 피투성이로 처음 마주친 우린 서로 똥과 피를 흙을 퍼부으며 장난쳐요 최초로 심장이 불타오릅니다 아버지 울지 마세요 눈깔에서 폐수 좀 흘리지 말라고요 미리 팔아먹지 못해 안타까우세요 내가 춤추며 불타오르지 않아 찜찜하고 수도관 타고 흘러들어갈까 봐 불안하세요

그래서 뭐요

세상은 거대한 봉분 고랑 너머 위생적인 사육장 삼월이 가고 꽃 피는 사월이 가고 나에게 오월을 묻지

마세요 폭우가 쏟아지지 않아도 삼월이 붉은 구렁에 흘러넘치지 않아도 난 지금 사라지는 내가 지독한 악취가 처음처럼 맘에 들어요

  * 온다 리쿠의 장편소설 제목.

행진

네가 없어 또 하루가 빛으로 가득할 때
어디로 갈까요?
꽃가루의 계절이 지나면 멈출 거예요?
빻은 유골 눈보라 치는 동산을 넘으면
공장 문을 닫고 기차가 탈선하고 운구 행렬이 지나
면 돌아옵니까?
시시해
나는 새마을 모자를 눌러쓰고 대열 속으로
사랑받지 않을 권리를 얻고
결핍이 준 포만감을 버린다

행진

이건 쉬워
배급을 기다리다
오리를 키웠다
돌아오지 않는 수확기
돌고 도는 재채기의 계절

돌아오지 않는 적도 동지도 아닌 것
　심심해 나는 누더기를 입고 햇빛 속을 걸었다
　오리를 키웠다
　외딴집 애벌 바른 벽에는 전나무 시렁이 우물이 있었다
　말이 아니라
　당나귀 아니라
　할아버지가 벗어놓은 군화를 끌고 헛간으로 갔다
　내 군대는 대규모, 눈에 띄지 않을 뿐이다
　꿈을 발사하면 죄에 명중하리라
　몇 밤만 기다리면 네 어미가 올 거다
　공장 문을 닫고 기차가 탈선하고 날 앞장세워 상자 나르기가 진행되었고
　번잡한 게 좋아 무리 떼가 좋아 삼삼오오
　내 주머니에서 쏟아지는 외로워서 죽겠다는 순진한 녀석들
　갓난애 발 벗은 소년 바지 벗은 괴물, 이건 또 뭐야?
　끝이 보이지 않아

대열 속에서

행진

나의 뺨을 만지자 만졌다는 망상에 시달린다 움직이는 나를 정원에 있는 나를 푸른 꽃 위의 나를 헛간 옆 우리 안의 고깃덩어리를 만졌다는 망상에 시달린다 웅크린 날 발가벗은 채 웅크린 날 무릎 위에 무릎을 꿇은 나를 강 저쪽의 석양이 상한 오렌지 빛으로 물들이는 나를 부친 수화물을 분실하여 출발에 늦고 얼굴과 맞지 않는 영혼에 시달린다 나는 나를 후려친다 꽉 잡으랬지? 혼자 잘났어? 나는 나의 테러리스트, 대동단결은 우리의 숙명

무궁 행진

너의 나는 네 목을 비틀었다
저, 잠깐만 고원으로

둑으로

컴컴한 굴속으로 들어갔다

죽은 개를 묶은 끈이나 소가 없는 빈 고삐를 쥔 채

우리는 돌아와 오리를 먹었다

둥근 들창 아래로 방울방울

떨어지는 시간

끔찍한 평온

잘린 목은 풀밭에서 튀고

뒤뚱거리며 대가리 없는 오리는 강박 없이 걸었다

우리는, 행진

한때는 연달아 뛰어갔고

동시에 땀을 흘리거나 치를 떨었다는 걸 알지만

발자국은 느리다 다 저물 때까지

없는 발목

가벼워, 행진

고향의 난민

겨울 가뭄에 시궁도 마르고
동산 꼭대기에서 재들이 펄펄 날아다니는데
저 왜가리 백로는 왜 떠나지 않을까
여기 흘러온 자들은 서로를 멸시하여 웃음을 주고받곤
버스를 타고 야시장으로 간다

문상 온 사람들이 명절날 아침처럼 낯설어할 때
모처럼 모인 형제들은 싸운다
살인이 있었고 한 여자가 아기를 안고 강물 아래로 몸을 던졌다
동산 꼭대기에서 연기가 피어오른다

사계절이 사라졌고
오래된 성곽과 망루의 보수공사는 끝나지 않는다
사랑한다고 말한 것뿐인데 고양이는 내 뺨을 할퀴었다
흉터를 방지하는 연고를 바르며 이놈을 어찌 할까

골몰한다

  전철을 타보지 않은 아이들은 소녀가 되기 전에 몸을 팔고
  전철을 타보지 않은 아이들은 소년이 되기 전에 스쿠터 뒤에 소녀들을 싣고
  제 삼촌뻘 되는 이들에게 배달 다닌다
  명절에 이들은 한복을 차려입고 쟁반을 들고 급히 움직이느라
  버스를 들이받고 강둑으로 튕겨 오른다

  그러나 이 모든 사소한 사건은 지역신문에도 실리지 않고
  문풍지 없는 미닫이문 앞에서 라면 박스를 안고 웃는 의회 정치인 얼굴만 찍혀 있을 뿐
  다만 나는 밤을 치던 칼로 신문지를 찍는다
  담배 가게 아저씨가 죽은 딸을 쉬쉬하듯
  나는 고양이를 안고 동산에 오른다

다리를 푹 꺾고 머리를 홱 젖혀 팔을 벌린다
소리 지른다 다 죽여버릴 거야

거대한 새 한 마리 비로소 어디든 가겠다는 듯
내 가슴에서 튀어 올라 목덜미를 쪼아대는데
내가 푸드덕거린들 들쥐들과 고양이들에게 공평할 것인가
뚝뚝 떨어지는 이 침은 누구 아가리에서 나왔나

나는 잔디를 보고
바람을 받고
흔들리는 나뭇가지들 사이로 달빛을 쬔다
망루에서 불길이 치솟아 오르는 걸 본다
아름다워
나는 고향의 고양이들과 떠돌이 개와 납작 엎드려 지켜보고만 있다

| 해설 |

'마임 모놀로그'의 행방

최 현 식

　『말할 수 없는 애인』이라니. 발화의 주체를 고려한다면 마임mime의 주인공은 과연 누구일까. 시인이 "저들의 사랑싸움은 말다툼은 팬터마임 공연처럼 모호하게 아름다운데"(「마임 모놀로그」)라고 적었으니 '나'와 '애인', 그와 그녀, 작가와 독자, 배우와 관객 등 무수히 조합 가능한 짝패 둘 다일 것이다. 그러나 말과 마임, 다툼과 아름다움의 격렬하고 기묘한 결합은 시인의 언어전(戰)이 발화의 형식보다는 맥락의 구성에 더 관심이 있음을 슬며시 드러낸다. 김이듬의 『명랑하라 팜 파탈』(2007)을 "상징질서 내부의 주체화를 거부하는 혼종적 주체"의 구성 의지로, 또 온갖 "대립적 경계가 갖는 상징적 권위를 혼란으로 몰아가는 언어"의 발명 욕망으로 읽어냈던 이광호의 비평이 현재진행형인 것은 이 때문이다.

하지만 시인이 현재 시연 중인 '마임'을 여전한 혼종과 일탈의 몸짓으로만 독해하는 태도는 '나'와 '애인'의 "날치고 훔치"(「날치고 훔치고」)는 '코러스'와 '백일몽'의 여러 시간 흥분을 숨죽이는 야박한 결례일지도 모른다. 따라서 우리는 김이듬의 '언어'와 '주체'가 '마임'을 통해 "입술만 달싹거"(「마임 모놀로그」)리는 정도의 말하기, 다시 말해 '불통의 소통'이라 해도 좋을 정도의 구화(口話)를 수행하는 까닭과 태도, 그리고 그 효과를 먼저 물어야 한다. 김이듬이 절실하게 취급 중인 "생활의 발견"(「생활의 발견」)에 관한 글쓰기는 이 작업을 통과하는 가운데 그 실체와 음영을 드러내게 될 것이다.

'마임 모놀로그'는 '말할 수 없음'이 말해지는 형식이다. 물론 번역어 '무언극'을 참조하면, 몸짓으로 말하는 극쯤이 될 테니 '말할 수 없음'이란 설명이 부적절할 수도 있다. 하지만 하나의 성격을 창조해내고 묘사하는 기술, 또는 사실적이고 상징적인 몸짓으로만 이야기를 전달하는 기술을 의미한다는 말에 그 원리와 방법이 담겨 있음을 고려하면 마임은 기존의 언어 이전이나 이후의 형식에 가까이 다가서는 양식이다. 그런 의미에서 마임은 배우 못지않게 관객 역시 '흔들리는 언어'의 실험과 창조로 이끄는 고통스러운 대화의 형식이 아닐 수 없다. 가령 흔들리는 언어들이 시인의 내면에 둥둥 떠다니고 있음을 만천하에 고지하는 충격적인 자기 지시의 몸짓을 보라. 그녀의 짐/질 속에서 꿈틀거리는 우리도 보이지 않는가.

    내가 좀더 잘 웃거나 웃게 하는 짐이었다면 질 좋은 짐이었다면 그들은 나를 버리지 않았을까 나 말고 통장을, 화장품 통을, 라디에이터를…… 엄마는 더 나은 선택을 했다

    짐을 열어보면 삶의 질이 보이지요 질에는 질염이 있고 빨갛게 붓는다 해도 난 그 안을 볼 수 없거든요 당신이 무슨 생각을 하든…… 생각이 거기 미치자 난 내 짐 속에서 꿈틀거렸다
                                   —「질 & 짐」 부분

  타자를 공격하고 저주하는 한국 욕설은 특히 남녀의 성기와 지독한 질병, 그리고 몸에 대한 가학을 중심으로 구성되곤 한다. 이에 방불한 "짐"과 "삶의 질" 그리고 "질"의 결합 및 등가성은 여기저기서 상처 입고 저평가된 주체의 병리적 상황을 충실히 보여준다. 이 상황은 '나'를 파편화하는 병리성에 대한 직시를 가로막음으로써 주체와 말의 불능성을 현실화하기에 이른다. 물론 이 불능성은 주체의 파탄이나 어법의 파괴와 같은 직접적인 방식으로 발설되지 않는다. 「당신의 코러스」가 예시하듯이, '당신'과의 무미건조한 성교나 그 과정에서 '당신'이 부르는 노래의 괴기함("당신의 노래는 머리맡에 죽은 새") 따위로 간접화되기 일쑤다. 병든 '나'를 위한 '죽음의 코러스'는 따라서 에로스

의 열정을 타나토스의 심연으로 끊임없이 하강시키는 검은 주술이라 할 만하다. 이렇듯 추락하는 영혼을 기다리는 것은 '의미 없음'의 환난일 수밖에 없다.

  1) 우리는 더 이상 알고 싶지 않은 욕망으로 가득 차서 구체관절인형을 가지고 놀듯 서로를 만지작거린다
―「나 말고는 아무도」 부분

  2) 산을 무너뜨리는 내면의 진동, 언제까지 이 불연속의 의미 없는 우연은 지속될 것인가?
―「호수의 백일몽」 부분

  3) 지난여름 나는 사촌을 만나러 맨해튼에 갔다. 사촌의 엄마가 알려준 주소지로 찾아갔으나 아무도 그런 유학생을 본 적 없다고 해서 나는 며칠 동안 말똥 냄새가 가득한 공원을 배회하다 되돌아왔다. ―「이상한 모국어」 부분

기존 세계에 반(反)하는 의미작용 signification은, 그 형식이 해체든 재구성이든, 어떤 말들의 세계를 욕망한다. 그러나 '의미 없음'은 의미작용을 제멋대로 거부하는 영도(零度) 지대의 교활한 신민이다. 그래서일까. 자아가 무심함과 위안으로 잔뜩 무장해도 위의 시편들에서는 묵시록의 얼룩이 여기저기서 툭툭 묻어난다. 만약 김이듬이 비정

한 얼룩을 채취하는 데 시적 재능과 노고를 집중했다면 '말할 수 없음'은 끝내 불용(不用)의 덫에 걸리고 말았을 것이다. 하지만 자아를 "좀더 어두컴컴하고 이상야릇하게 더러운 구석으로"(「질 & 짐」) 끊임없이 밀어가는 '우울한 열정'이 있어, 그 위험한 순간들은 "사라지는 것, 도주하는 것 들에의 편애"(「호수의 백일몽」)로 몸 바뀌게 된다. 『말할 수 없는 애인』이라는 '마임 모놀로그'가 입안되고 육화되는 최초의 계기가 여기 어디쯤 숨어 있을 것이다.

김이듬이 타자에게 말을 거는 방식은 "그러니 내게 물어보지 마라"(「저물녘 조언」)와 "거기 누구 없어요"(「거기 누구 없어요」)로 요약될 듯하다. 언뜻 보기에는 '나'의 독존과 안정을 위한 거절과 요청의 말처럼 들린다. 하지만 이 말들은 소멸과 도주로 명명된 '나눌 수 없는 잔여'들에 바쳐진 것으로 보아야 옳다. "당신의 노래"라는 그 "검은 코러스"마저 영구히 말소시키려는 '블루 미니스Blue Meanies'의 침략에 맞서 페퍼랜드Pepperland 국민들이 최후로 감행한 모험은 「노란 잠수함」을 위대한 음악의 나라(비틀스)로 발진시키는 것이었다. 김이듬이 위기에 처한 페퍼랜드의 시민이며, 그녀를 구원할 언어적 잠영의 목표물이 "노란 잠수함"임은 거의 분명하다. 그러나 그녀는 탈출자가 아니라 침입자이다. "노란 배로 헤엄쳐 들어"감으로써 "밤의 물결"의 본원성을 엿보는 한편 실낱같은 구원의 좌표를 읽어내려는 것이다.

문 닫고 나왔다 어둠 속 긴 복도
몇 걸음 발끝으로 춤추듯이
물결 속으로 헤엄쳤다
바닷물은 미지근했고
너는 차가웠고

어두운 날들 밤의 물결이여
모두 나를 지나쳐 어디로 흘러갔나
왜 일부는 나에게 있나
바위 사이의 물풀처럼 미끄러운 계단을 타고
물속의 방파제를 지나 선착장을 지나
다시 물속의 노란 배로 헤엄쳐 들어간다
—「거기 누구 없어요」 부분

 삶과 언어의 의미는 '모두'보다는 '일부'에 의해 결정적으로 타파되거나 혁신되기 마련이다. '일부'는 보기 드문 희소성보다는 완벽하게 포착되고 해석될 수 없는 잔여물이기 때문에 능산적이며 역동적이다.『말할 수 없는 애인』에 시와 시인, 혹은 그것들 사이의 관계에 대한 성찰이나 야유가 적잖게 등장하는 것도 '일부'의 역능성에 대한 새로운 발견과 긴밀히 연동되어 있다. 이른바 근본 없는, 그래서 그림자로, 가짜로, 혹은 복수(複數)로 존재하는 운사(韻

士)들, 다시 말해 시뮬라크르들의 삶과 글쓰기는 "사생아들" "도플갱어" "지방의 대필 작가"로 명명, 대체되고 있다. 이들을 주어로 취한 같은 제목의 시들은 엄격히 말해 '일부'로서 그들의 역능성보다는, 쓸모없는 잉여물로서 그들의 소외감에 초점을 맞추고 있다. "우릴 내동댕이친 세상에 이름을 날려야 한다"(「사생아들」)거나 "내가 던진 막대기를 물고 뛰어오는 사람"(「도플갱어」)이라거나 "지금 저는 종교에 빠졌고 독감에 걸렸고"(「지방의 대필 작가」)라고 하는 말들은 희미한 불빛 한 점 없이 "어둠 속 긴 복도"를 헤매는 주체들의 패배를 지시하는 서로 다른 표현들일 따름이다.

하지만 굴종과 좌절, 치기와 야유가 뒤범벅된 패배자의 시선과 목소리가 없었다면, '일부'를 향한 시의 도정은 '마임 모놀로그'로 재구성되거나 표상되지 못했을 것이다. 이를테면 「성으로 가는 길」 같은 산문시. 『말할 수 없는 애인』은 전작들에 비해 '자아의 서사'와 관련된 서사충동이 두드러져 보인다. 『명랑하라 팜 파탈』은 단일 체계로 환원되지 않는, 아니 그것을 의도적으로 거부하는 "애매한 실존"(「유령 시인들의 정원을 지나」)의 산종(散種)이 서사충동의 핵심을 이룬 경우다. 그러나 자전적 고백에 가까운 「성으로 가는 길」에는 "유원지 유령의 성에도 간 적 없다는 거다"라는, 전작(前作)을 뒤집는 작난(作亂)이 자행되고 있다. 물론 그 목적은 분리될 수 없는 '일부', 그러니까

"이 성을 빠져나가면「성으로 가는 길」을 세밀한 약도처럼 쓸 수 있을 것이다"에서 보듯이, '개성적 실존'으로의 침투와 그것의 발현이다. "말할 수 있는 애인"이 진작부터 존재했다면 애인의/을 '말할 수 없음'은 의미작용의 대상으로 떠오를 일이 결코 없었을 것임을 은밀하게 고백하는 서사적 반전이 아닐 수 없다.

개성적 실존을 향한 글쓰기의 욕망을 김이듬표 마임의 한 결절점이라 여긴다면, '부모'라는 기표를 특히 주목해야 한다. 『말할 수 없는 애인』 속의 '부모'를 실재냐 상징 조작이냐 운운하며 이분화할 필요는 없을 듯하다. 멀리 신화로부터 주어진 '부모'의 좌표는, 그때나 지금이나, "낳아준 게 어딘데……"와 "어이. 아줌마! 내가 뭘 잘못했는데, 날 버리는 거요?"(「여자가 여자를 사랑할 때」) 사이에 존재한다. 이 지점을 통과하지 않고는 상상계에서 상징계로 존재를 승압하는 그 어떤 입사식(入社式)도 진행될 수 없다. 그러니 실재와 상징 조작은 분리될 수 없는 하나의 몸뚱이인 것이다. 이 사태를 동일화의 고통으로 몰아갈 것인가 아니면 분리의 쾌재로 일탈시킬 것인가 하는 선택의 문제가 우리 앞에 놓여 있을 따름이다.

특정 존재의 '일부'는 승압의 과정에서 타버리거나 누전된 상상계의 진흙탕 속에 침전되어 있을 가능성이 크다. 컴컴한 수압에 폐색된 그 상황을 김이듬은 "인공호흡기가 절실한 중환자 하나 내 안에서 헐떡거린다"(「인공호흡」)라고 적었다. 문제는 위급한 '나'에게 인공호흡기와 그것을 채워줄 '나', 다시 말해 개성적 실존이 여전히 불명확하다는 사실이다. 시인은 '부모'에 대한 방법적 사랑 또는 보편에 반하는 의미작용을 통해 '일부'로 나아가고자 한다. 이 방법적 사랑에 구체적 형태를 부여한다면 변형된 '엘렉트라 콤플렉스' 정도가 될 것이다. 이런 연유로 반전의 의미작용은 주로 엄마를 향하게 된다.

숨넘어가는 목소리로 나를 호출해놓고 어머니는 파마하러 간다 똥 싸놓고 벌벌 떠는 아버지를 닦으며 내가 기다리는 것은 불분명해진다 손톱을 씹는다 사면을 기다리는 양심수의 신념에 대해 아는 바 없고 구사일생 넘쳐나는 기적들이 지겨울 뿐이다 기저귀 갈고 불알 두 쪽 들고 후후후 불어준다 젖비린내 나는 아버지 끔벅이는 눈가에 에센스를 발라주며 내가 이리 갸륵해져도 되나 어서 깨물어다오 오오 밀어 넣어다오 종언의 밤으로 넘쳐흐르는 상실 속으로 갚을 데 없는 갚지 않아도 좋을 부채감 속으로
——「부부 자해공갈단」 부분

엘렉트라는 아버지 아가멤논을 연모한 까닭에 어미 클리템네스트라와 경쟁 관계를 형성했으며, 어미와 간부를 죽이는 데 일조함으로써 아비의 원수를 갚았다는 게 비극 『엘렉트라』의 대강이다. 그러나 위에서 '아버지'는 연모의

대상이기는커녕 '어머니'와 '나'의 골치를 썩이는 '늙은 아이', 그러니까 질병을 달고 사는 퇴행적 존재일 따름이다. '어머니'와 '나'의 경쟁은 그래서 '아버지'를 돌보지 않을 권리를 둘러싼 암중모색일 수밖에 없다. 하지만 '어머니'는 마음대로 도망가지만 '나'는 그럴 수 없다. 이유는 두 가지인데, 부모가 '나'의 기원과 관련된다는 것이 하나라면, '나'의 탄생 자체가 그들을 두려움에 떨게 하는 "악질 가해자"(「부부 자해공갈단」)로 인식된다는 것이 둘이다. 파기가 가능한 계약 관계(부부)가 결코 나눌 수 없는 자연 관계(부녀)를 압도하는 탓에, '아버지'의 보호와 '나'의 부자유는 피할 수 없는 운명이 되어버린 것이다.

해결할 길 없는 가족 관계의 불합리성과 불평등성은 '아버지'의 죽음 이후에나 종결될 것이다. 이에 대한 상징적 해결이 '어머니'를 가족의 보호자가 아닌 방기자(放棄者)로 설정하는, 모성의 방법적 폐기가 아닐까? "엄마의 신이 날 구원하지 않아서 감사한다"(「여자가 여자를 사랑할 때」)나 "엄마가 복권 생각을 잊어버리고 나를 잊어버린다"(「나의 파란 캐스터네츠」)와 같은 단절과 유기의 문법은 잘못 빙의된 '엘렉트라'의 얼굴을 벗어던지기 위한 도구적 취용(取用)이 아니다. 오히려 '일부'을 향해 숨겨진 길, 즉 "난 여념(餘念)이 필요하다/잘 모르는 것을 사랑한다"(「모계」)는 말을 실현하기 위한 대안적 실천에 가깝다. 제목대로 새로운 '모계(母系/謀計)'의 탄생은 '여념'과 '미지

(未知)'의 어두운 물결 속에서 준비되고 숙성될 것이다. 여기에 시인이 '노란 배'로 끝없이 잠영하며 또 적대적 물결의 파상 공세를 제어할 수 있는 '마임'을 대화법으로 취해야 하는 근본적 이유가 존재한다.

    우리는 그러나 김이듬의 '일부'가 아직까지 패배의 형식이라는 사실에 주의해야 한다. 그녀의 '개성적 실존'과 새로운 '모계'는 다음과 같이 주체의 낭자한 출혈이나 죽음을 요구하는 잔인한 체계들이다: "이런 자포자기 패배감의 총구가 이 밤도 나를 겨눈다. 탕탕, 내 몸은 더 많은 구멍을 원하고 그 안에 그녀가 있다"(「여자가 여자를 사랑할 때」). 그녀는 불행하게도 아버지를 버리고 어머니를 죽이며, 그러기 위해 자기마저 죽여야 하는 적대적 엘렉트라로 스스로를 수배 중에 있다. "나를 태워 나를 데운다"거나 "거칠고 길어 혼자 나를 수 없는 나"(「숲」)와 같은 자기 파괴와 절대 고독이 '마임'을 둘러싸며 관통할 수밖에 없는 또 하나의 까닭이겠다. 과연 시인은 동화의 고통과 분리의 쾌재 사이에서 얼마나 더 울렁거려야 하는가. 어느 쪽으로 진행되든 그녀는 자신을 그들보다 먼저 심판대에 올리는 불우를 살게 될 것이다. 그러나 시인이여 염려 마시라. 숨을 할딱이며 한 방울의 물을 갈급하기는 마찬가지인 우리들을 당신 옆자리에 두게 될 테니. 그 모습을 벌써 당신은 이렇게 적고 있지 않은가?

> 나의 **뺨**을 만지자 만졌다는 망상에 시달린다 움직이는 나를 정원에 있는 나를 푸른 꽃 위의 나를 헛간 옆 우리 안의 고깃덩어리를 만졌다는 망상에 시달린다 웅크린 날 발가벗은 채 웅크린 날 무릎 위에 무릎을 꿇은 나를 강 저쪽의 석양이 상한 오렌지 빛으로 물들이는 나를 부친 수화물을 분실하여 출발에 늦고 얼굴과 맞지 않는 영혼에 시달린다 나는 나를 후려친다 꽉 잡으랬지? 혼자 잘났어? 나는 나의 테러리스트, 대동단결은 우리의 숙명 ——「행진」 부분

망상과 분열에 시달릴수록 '말할 수 없음'은 숙명적인 것이 된다. 곤고한 상황의 악순환은 필연적으로 삶의 파국을 예정한다. "저렇게 죽게 됩니다 그는 우리를 벗어난 돼지를 가리켰어요"(「생활의 발견」). 군데군데 보이는 죽음의 징후적 진술과 묘사는 『말할 수 없는 애인』에 설치된 강력한 부비트랩 가운데 하나이다. 죽음에 맹목이 되는 순간 그에 대한 시의 상징 조작은 위급한 파탄의 실재로 돌변한다. 이때 시인은 어디에 있을 것인가. 그런 점에서 새로운 지평에 돌입할 마임의 성공 여부는 부비트랩과의 대결 방식 및 결과에 따라 좌우될 것이다. 교묘한 방식으로 부비트랩을 피해갈 것인가 아니면 위험을 무릅쓰고라도 일부러 찾아내어 제거할 것인가. 후자의 방식을 택하지 않는 한 언어의 파멸은 "동시에 모두가 왔다"(「동시에 모두가 왔다」)로 종결될 가능성이 농후하다.

하지만 곳곳에 숨어 사실을 갈취하는 부비트랩은 예민한 감각과 적확한 분석, 냉철한 판단마저 자주 조롱하지 않던가. 그러므로 최상이자 최후의 선택은 스스로가 부비트랩이 되는 수밖에 없다. 서로 분리되거나 공격할 수 없는 한 몸이 되는 것, 이 원리를 벗어나는 순간 한 쌍의 부비트랩, 바꿔 말해 '나'와 '애인'은 동시에 파멸된다는 것. 이로써 김이듬표 마임이 왜 비루한 '구렁텅이'의 삶조차 구원일 수 있는가를 열연하는 이유가 비교적 분명해졌다. 개성적 실존의 다른 이름인 "타고난 발성 우리의 언어"(「삼월은 붉은 구렁을」)을 살고 싶은 것이다. 그게 누구든 간에 이보다 완미하며 황홀한 시인의 삶은 없다.

동생이 탕 안에 똥을 싸는 바람에 우린 쫓겨났어요 발가벗은 채 탈의실에 누워 눕자마자 배가 고파요 다시 면접과 위생 검사 등급 판정을 기다려야 해요 의사는 내 피를 한 번 태반 추출물을 세 번 뽑아갔어요 넌 죽지 않을 거야 더럽다고 태만하다고 때려죽이지 않을 거야 내가 구해줄게 동생이 날 달랩니다 잘 자 우리는 두 개의 캐비닛 안에 침상을 배정받았어요 오 제발 수용소로 격리 시설로 보내달라고 애걸했지만 시간은 호송 열차처럼 달리고 언제나 자격 미달 함량 초과 안전도가 미심쩍은 우리는 툴툴거립니다 꿀꿀댄다고 하는데 오해 없기를 이건 불평이 아니라 타고난 발성 우리의 언어 전혀 외국말은 몰라요 ——「삼월은 붉은 구렁을」 부분

"자격 미달"과 "함량 초과", "안전도" 미비에 해당되지 않는 자는, 또 시는 "툴툴"대지 않는다. 안전과 포만의 장(場)에 함부로 피촉되고 배치된 자들은 결핍과 결여, 비정상이 정상과 충족, 욕망의 실제 주체이자 동력임을 알지 못한다. 그래서 그들은 오래전 철학자의 말대로 툴툴거리지 못하고 꿀꿀댈 뿐이다. 마찬가지로 역사 현실과 미학의 지평을 떠도는 가담항설(街談巷說)에의 투기(投企) 없는 시와 예술은 퇴폐적일뿐더러 쇼비니즘적 악의에 포획되기 십상이다. 기성의 제도와 언어가 치밀하게 낙인찍는 "면접과 위생 검사 등급"은 언제나 "타고난 발성"을 위험한 것으로 간주하며 측량될 길 없는 '개인적 실존'을 철없는 예외성으로 강제 소개(疏槪)하는 새로운 야만의 징표이다. 이것을 앞세운 꿀꿀대는 자들의 새된 칼질은 그들만의 위대한 왕국, 그러니까 "연애는 없고 사랑만 있"고 "중요한 건 아무것도 없"으며 "조용히 그리고 매우 빠르게/시는 아무 일도 일어나지 않게"(「죽지 않는 시인들의 사회」) 하는 허위 세계를 폭력적으로 현실화할 것이다.

죽음의 환란 속으로 거칠게 틈입하는 김이듬의 '마임'은 김수영이 일찍이 건설한 '온몸—게토ghetto'의 성실한 시민, 아니 '흔들리는 난민'으로 주체를 등록하기 위한 '자해'와 '헌정'의 몸짓이다. 말 그대로의 "타고난 발성"은 입을 막거나 목청을 제거하면 그만이라는 점에서 언제나 불

충분하고 불안정하다. 그녀의 '온몸'이 언어이고 입이어야 하며 그녀가 '온몸'에 구멍을 계속 뚫어야 하는 이유가 여기에 있다. 말과 피를 동시에 철철 흘리는 '온몸의 마임.' 그곳은 "말할 수 없는 애인"끼리의 모럴moral과 에로티시즘, 그리고 대화가 갱신되고 성숙되는 원형 공간 자체이다. 그러니 우리는 먼저 물어야 한다, 얌전한 관객으로 '마임'을 즐기는 데 그치지 않고 배우가 흘린 말과 피를 우리 몸에 뭉텅뭉텅 바를 수 있는가를. 아마도 이 비릿한 것들끼리의 연대만이 돼지우리 속의 감시와 처벌을 뚫고 저 숲 어딘가에 세워졌거나 세워질 "성으로 가는 길"을 희미하게 비춰줄 것이다.